超馬跑者揹駕媽祖之環台詳考

臺 南 正 統
鹿 耳 門 聖 母 廟

林業展、王明義、陳春福、
賴世炯 合著

臺南土城正統鹿耳門聖母廟媽祖

軟身媽祖神像：（左）鎮殿二媽、（中）鎮殿大媽、（右）出巡大媽

臺南土城正統鹿耳門聖母廟牌樓

作者4人合影（左至右：林業展、王明義、陳春福、賴世烱）

超馬跑者揹駕臺南正統鹿耳門聖母廟媽祖之環台詳考 [1]

The Detailed Survey of Ultrarunners' Mazu-Carrying Cycling around Taiwan from the Orthodox Luermen Holy Mother Temple in Tainan

1 【本書依據林業展之碩士論文改寫而成】
　林業展（2021）。超馬跑者揹駕臺南正統鹿耳門聖母廟媽祖之環台詳考。
　運動保健系碩士在職專班之碩士論文。臺北市，國立臺北護理健康大學。
　【本書由臺南正統鹿耳門聖母廟贊助印行】

摘要

　　本研究採用歷史學和人文學的研究脈絡和敘事方法，探討路跑活動與台灣宮廟特有文化首次結合後之媽祖遶境環台，揹駕媽祖過程除考驗跑者體力及意志力外，更需要克服許多身體疼痛，人的心念經磨練達到瓶頸之際，方能心思澄明，突破另一種精神境界；就如同奧林匹克古羅馬競技場一般，透過運動方式使人的身體達到極限，以表達對神的崇敬。

　　台灣四面環海，自古有福爾摩沙寶島之稱，在傳統民間信仰中，海神媽祖有著不可動搖的地位。在2020年全球肺炎疫情肆虐之際，台南正統鹿耳門聖母廟「鹿耳門媽」託夢指示信徒，以揹駕走跑方式沿海線遶境台灣一圈，收瘟疫回天河。歷來台灣宮廟文化均以神明坐轎、人力扛轎遶境為主，以揹駕方式環台遶境並無前例可循，故廟方決定以揹駕高一尺三（約40公分）、重6公斤之神尊，以維持跑者前進穩定度。最終由文館八號媽祖正三媽聖筊三杯同意神尊出巡，並訂定2020年9月4日至9月24日，舉辦揹駕媽祖環台1139公里祈福路跑活動，沿海線採逆時針方式前進，每日平均前進50-60公里，並開放全國民眾報名全程組及單日組二項，並由廟方派遣車輛全程隨行。

　　本研究詳實記錄此次環台活動，活動完成後則訪談六位超馬參加者，並彙整其對超馬運動之看法，綜整全文後獲致以下結論：有別於台灣民俗扛神轎或徒步之局部小範圍遶境型態，此次台南正統鹿耳門聖母廟首創以超馬跑者揹駕媽祖方式遶境環台，帶有獨特的時代意義，對宮廟而言，這種遶境規模是全國性的，對超馬跑者而言，則是在完成單純的跑步運動之外，更達成對神明崇敬、對生命充滿感謝之人生意義。

　　以下提出幾點建議，提供未來同類型活動參考：

　　1. 可於較涼爽之秋冬時節舉行或延長活動天數。2. 活動路線可穿插山線及海線。3. 隨行人員可包含運動心理諮商師、運動防護員、或專業醫

療人員。4. 在遶境所接觸之駐蹕宮廟、相關宮廟、或政府組織，可結合當地慶典或習俗一同舉辦路跑活動，並適當派員陪跑遶境。5. 未來可邀請國際超馬跑者參與媽祖環台遶境活動。

關鍵詞：媽祖、台南正統鹿耳門聖母廟、宮廟文化、馬拉松、超級馬拉松

Abstract

Based on the historical and humanistic research methods, the combination of road running and the Taiwanese special temple culture was the first achievement in Taiwan temples' patrolling history. In addition to the physical strength and mind, all runners had to overcome many physical pains as ascetics suffer. One's mind would not be calm until reaching its extremity. Like the athletes in ancient Rome Olympics, they expressed their respects for God through the physical limitations shown in sports.

Taiwan is encircled by the sea and has been known as the treasure island Formosa since ancient times. Mazu, the sea God, has built her inflexible status in the beliefs of Taiwan people. Our world suffered from the COVID-19 pandemic in 2020. To collect the plague back to the heaven, the Orthodox Luermen Holy Mother Temple in Tainan instructed the believers by dreams to run around Taiwan along the coast. There was no precedent Mazu-carrying history to follow. For the safety of carry-and-running processes, the temple authorities decided having the runners to carry a 40 cm-6 Kg Mazu statue. The agreed responses from the Zhengsanma Mazu (i.e. the 8th Mazu in Wen House) confirmed for the divine patrolling. The 1139-kilometers blessing running activity around Taiwan took place from 2020/9/4 to 2020/9/24 for 21 days, in counter clockwise routine. The average daily proceeding distance was 50-60 kilometers on Taiwan coastal roads. The full-day group and single-day group were open to all adults to choose. A vehicle offered by the temple accompanied the whole journey.

The study recorded the Taiwan cycling event in detail. After the interviews with the six ultrarunning participants, the researcher made the following conclusions. Unlike the traditional Mazu-carrying or patrolling in a local area, the Orthodox Luermen Holy Mother Temple recruited a group of ultrarunners to cycling around Taiwan. This approach not only provided new powerful energy to Taiwan temples, but also opened a new window for the temples lives in Taiwan. For the ultrarunners, they finished their goals, worshiped gods, and fulfilled their selves.

The suggestions listed below could make the future activities better.

1) The runners can benefit in cooler weather and relatively longer running days. 2) The running routine can include both of the mountain lines and coastlines; 3) the sports counselors, athletic trainers, medical professionals can accompany with the runners; 4) the temples or government organizations crossed by can offer relating running activities; 5) the authorities can invite the international ultrarunners to run with Mazu in the future.

Keywords: Mazu, Orthodox Luermen Holy Mother Temple, temple culture, marathons, ultramarathon.

CONTENTS 目錄

List of figures 圖目錄

List of tables 表目錄

作者自序之一

林業展

　　活了大半輩子，對於「因緣際會」這句話，越來越有感觸。2020年這年對我來說是個人生的轉折點，不管是在歲數上還是工作、學業、運動上，都是。

　　原本毫無頭緒的論文，因為媽祖環台這件事讓一切有了轉機。或許這就是人家說的，上帝幫你關了一扇窗必會幫你開啟另一扇門。明知練跑量不足，也不知哪來的勇氣毅然決然地因接收到媽祖感召而參加21天環台，過程中到了第13天，由於左膝副側韌帶受傷，最後的8天只能靠打止痛針，一路走回終點。很多跑友都跟我講說這就是信念，我沒有特定信奉什麼宗教信仰，鄉下長大的我對於無形的東西，抱持著寧可信其有不可信其無，舉頭三尺有神明。還有人生在世但求無愧，多幫助人不要去害人。可能這一切冥冥之中都是安排好的，不管是老天爺的意思還是媽祖的安排，讓我在這趟旅程中沒有這麼順利，每天數10個小時讓我好好去思考過去、思考現在、思考未來。說也奇怪人在順利之際是不太會有什麼想法，但是人在失意時或是有傷在身的時候，反而比較容易去思考很多人生課題。

　　後來跟指導教授賴世烱老師分享環台過程之際，因為教授一句話、一個智慧、一個轉折，讓我寫下與媽祖這段緣分故事、成為論文，甚至出書。當然過程沒有這麼輕鬆，所以我要感謝我的指導老師、恩師、貴人賴世烱教授，謝謝您總是不厭其煩的指導我，在最需要老師的時候，一通電話接通後，您總是很有耐心的聽我敘述並引領我方向，不會讓我深陷泥沼，載浮載沉抓不到浮板，謝謝您總是用智慧、在顧及顏面下引導著我，你的身教讓我受益良多。

　　這本論文、專書的誕生，需要許多人的無私奉獻才得以完成，感謝國

北護運動保健系廖翊宏主任擔任我的口試委員，給予我許多專業上的指導及行政上的幫忙。感謝二位口委：台南正統鹿耳門聖母廟主委王明義、總幹事陳春福，以及給我支援幫助許多委員，因為有你們的付出才有這次活動的圓滿。「跑步與媽祖遶境」，這不但是在台灣歷史上的第一次，更是宮廟文化歷史上的一大創舉，感謝有三位指導老師的智慧，才讓這次創舉深具意義。環台期間的八位戰友蔡明宜（總指揮蔡董）、趙森勇（軍師勇哥）、蘇英超（大師兄）、林捷茹、陳俊博大哥、黃昆鵬夫妻、陳讚亦，以及志工蔡耀輝（小蜜蜂）、陳俊彥大哥、陳善富、郭美足夫妻等人，雖然這都是我們的第一次，不過我們就像相親一樣，一拍即合，沒有人知道明天會不會完成，不過我們真的完成了。

　　最後要感謝很多人，我的同門師兄弟林士聖，在其專業徒手整復的忙碌工作之餘，總是給我許多方面的支援；環台背後總有許多人要道謝，但礙於工作、生活，因此無法一一當面道謝，恆春半島的老總陳芸楷，謝謝你在恆春期間給我們的加油打氣，隔天買咖啡送到壽卡的情義相挺。愛跑部家人的支持：高雄端王明輝、李偉和學長。桃園端請假跑來陪我走路的董萬寶同學。新竹端鄧平翊同學帶來飲料。竹南民宿前來給我打氣的陳宇宏。苗栗竹南端－假日陪我走路到大甲的張金富和許碧真，中途加入的陳浩瑋（阿瑋）、莊朝欽（A大）、車站補給的周維彥學長，從日南陪我一起走到大甲清水的洪凱誌。彰化端好友食物探望。嘉義端楊誌隆民宿的探望。台南端的邦哥、鐵哥及所有愛跑部慢跑隊的家人，謝謝你們的支持。

　　要謝真的謝不完，只能放在心中，這個世上最美的就是愛，因為有愛才能讓一切都如此的美好，謝謝我的家人以及在天堂的阿嬤冥冥之中保佑著我，讓我一生平安順遂。不管是過去或是現在在我身邊陪伴我的每一個人，在我身邊的你或是在遠方的你，你及你們永遠都在我心裡面，謝謝。

作者自序之二

王明義／臺南土城正統鹿耳門聖母廟　主任委員

　　在臺灣，宗教信仰是安定社會最重要的一股力量，它可以延續不同信仰者對無形力量之崇敬，使人從內心產生敬神和自律的精神。尤其是在臺南，正統鹿耳門聖母廟長期以來都秉持著傳遞善良風俗和傳承媽祖文化之精神，不定期以優質宗教的文化內涵，來舉辦各項慈善公益活動和推廣臺南觀光產業。

　　本人自擔任聖母廟主任委員以來，時時刻刻莫不在思考要如何推廣媽祖慈悲為懷、救苦救難之精神。2020年1月以來，全世界便開始受到肺炎疫情影響，同年8月，媽祖在冥冥之中賜予本廟某種因緣際會，使本廟在短短一個月內克服萬難，立即在9月初以超馬跑者揹駕馬祖、用走跑方式遶境環台一周，這是臺灣數百間主祀媽祖的廟宇中從未成功舉辦過的宮廟式超級路跑活動，透過媽祖神奇的感應能量，聖母廟全體相關人員總算不負眾望，完成這次為全臺灣消災祈福之神聖使命。

　　林業展是實際參與2020年本次活動揹駕媽祖的跑者成員之一，得知他正在國立臺北護理健康大學運動保健系就讀碩士在職專班，他的碩士論文指導教授賴世炯老師引導他將此次媽祖環台一周的活動故事做一詳實記錄，賴教授並熱情邀請我和本廟總幹事陳春福先生一同擔任業展碩論的口試委員，我很高興地答應此一邀約。如今業展這篇結合超馬運動與媽祖精神的碩士論文已獲審查通過並改寫成書，我和陳總幹事亦再次受賴教授之邀而擔任本書之共同作者，身為聖母廟主任委員，在祝福業展之外，亦祈願媽祖保佑，使本書之出版能夠對廣大的社會大眾產生正面之影響力。

作者自序之三

陳春福／臺南土城正統鹿耳門聖母廟　總幹事

　　臺南土城正統鹿耳門聖母廟是臺灣首屈一指的媽祖廟大廟，本人多年來在如此重要宮廟裡擔任總幹事一職，如今細數過往，真的是非常用心地協調和處理了許多事。其實事情不分大小，都需要有人認真去管理和執行，在聖母廟裡，舉凡與臺灣各地各宮廟送往迎來、與政府和民間交流互動、廟地相關建設規劃、廟方內部經營管理、以及水電瓦斯人事費用處理等，多年來我的確為聖母廟付出了許多心力和人生歲月。

　　媽祖是博愛和慈悲的化身，在祂之下，我做的大小事情就似乎顯得微不足道了。2020年8月，本廟信徒告知我媽祖託夢，提到可藉由超馬跑者揹駕媽祖金身，以走跑方式遶境環台一周。雖然我並不擅長跑步運動，但在與主委和宮廟相關決策人員討論後，我內心想為媽祖奔走而促成此活動成行的單純想法，油然而生。二個月內，在媽祖保佑下、和許多本廟相關人士積極籌備及認真參與後，揹駕媽祖環台的活動，果真順利完成，圓滿成功。

　　國立臺北護理健康大學運動保健系賴世炯教授，盛情邀約我和本廟主任委員王明義先生擔任其碩士在職專班學生林業展的碩士學位論文口試委員，爾後亦又邀請我和王主委二人並列本書作者，我個人感到非常榮幸。祝福業展，祝福賴教授，媽祖會保佑我們大家的。

作者自序之四（含如何使用本書）

賴世烱／國立臺北護理健康大學

一、媽祖神祇超越性

神之於人，是超越之存在。世界各地之不同民族，在不同地球環境中發展出各自獨特之文化、文明、與宗教。文化與文明係由一地人民多樣生活事件所積累建構而成，山豢樵兮水養漁，人們在維生之餘，心靈上亦需要某種無形之精神力量支持，此精神力量可在承平時期幫助人們鞏固其所建立之物質文明，而在天災人禍、迫離故居之後，此精神力量則可修補人類心靈，以重建曾經有過之物質文明。

宗教是極具鑑別度之精神力量來源，現今地球上並存許多宗教，大者如佛道基回，信徒億數，小者崇師拜萬物，奉者或眾或寡。在鑑別度之外，可深入人心且影響廣泛之宗教應具備第二要件：包容性。人們若能在某一宗教中發現與自己際遇相似之神明，信之若可改善自身生活，便是找到天下容身之處。同源交流和異源共發，可用以解釋東、西方知識本體之起源與擴展（賴世烱，2013），但對於如媽祖、悉達多、耶穌、穆罕默德、甚至是宙斯、奧丁、因陀羅等古代神祇來說，這些宗教性或神話性人物都是各自獨特自源的，初始背景都只能溯及其自身一人，之後則在各自可影響之地球範圍內發揮其宗教性之救苦救難、拯民於水火之超越性精神。

本序自神祇與宗教述起，係因本書主題與神明有密切關係，此神明即臺南正統鹿耳門聖母廟媽祖。有關鹿耳門聖母廟媽祖，需提及臺灣自石器時代起即有人居住，歷史時期略可以1624年荷蘭殖民南臺灣始誌，之後1662年鄭成功逐荷墾臺，聖母廟媽祖便與鄭氏入臺有關。據已知之

臺荷史料所載，鄭成功於1661年4月間登陸臺南，上岸時便發現陸地上有已建成之媽祖廟，廟內有三尊軟身媽祖神像（鹿耳門史蹟研究委員會，1981）。臺灣從17世紀以漢人為主體開墾以來，初期必有鄭營官兵從明代府州縣治中，轉移各類重要漢人神祉進入臺灣，這些神祉包括本書主角媽祖、玉皇大帝、觀音大士、三官大帝、各府千歲、城隍、和土地公等，轉移方法則涵蓋移尊、分靈（分香）、和新造。而臺灣民眾在轉移神祉過程中，亦常會自發性地、約定成俗地去崇敬有軍功或忠誠盡責之重要凡人，將之神格化後而立廟祭祀，此類凡人神祉包括各姓氏將軍、元帥、護法等。

媽祖據信為北宋初年、約莫於西元960年出生，爾後曾經存在於宋代福建泉州府湄洲島之歷史人物，時人稱之為林默娘，987年（北宋雍熙四年）湄洲媽祖廟建成。臺南正統鹿耳門聖母廟內供奉一尊有八百年以上歷史之鹿耳門軟身媽祖金身，故此尊媽祖金身完刻於林氏歿後約二百年。作序者因擔任國立臺北護理健康大學運動保健系碩士在職專班學生林業展之論文指導教授，指導其撰寫本書主題之碩士論文，有幸於2020年12月14日獲致是時聖母廟王明義主任委員及陳春福總幹事之首肯，得以步上本廟主殿二樓，近身參拜800歲鹿耳門媽金尊。宗教常言感應，在一米距離內面對已居人間八世紀之鹿耳門媽祖神像，有數個瞬間，榮格所言之人類集體潛意識有所運作，是時似乎感應到媽祖金身頗有能量。此刻思及：能量似心，應無所住。吾此有道，彼亦有道，二道匯流，形神俱在，盛大之後，復歸於寂。

一千年前，林默娘在人間時只是一位凡人，因其居靠海，家族以海業維生，如此遂與海洋連結深厚，使其在歿後一千年間之海神特色之封號，從夫人、天妃、而晉升至天后。一千年前，甫歿之林默娘僅受自身林家一家之祭祀與膜拜，但在祭祀祂的家戶數增加之後，林默娘便如關雲長一般，從一家之鬼晉升為眾人之神。今日媽祖是受到億萬信眾膜拜之神格化神明，在天界與人間皆具有實質神格地位，可以處理人間許多事，且媽祖進入臺灣後，在其原來海神屬性之外，祂亦已轉換成農業神和萬能神，以

呼應不同族群在不同時空背景下進入臺灣之各業所需。媽祖如今已是永恆之神明，是明代王陽明所謂足色之精金（李生龍註譯，2009），與世界眾神同屬不朽。

二、正統鹿耳門聖母廟首創媽祖環台祈福

2020年全球肺炎疫情嚴重，此時正可展現臺灣媽祖悲天憫人、收服瘟疫之神明特質。是故臺南土城正統鹿耳門聖母廟廟方相關人士，在一連串因緣際會和奔走議事後，克服萬難地在以普渡公為尊的農曆七月，請出文館正三媽媽祖以超馬跑者揹駕環台方式，為臺灣百姓消災祈福。正三媽媽祖領天旨、收地令，代天巡視人間，為全台肺炎疫情祈福並收疫回天，此番巡行，意義重大。

臺灣各地都有媽祖廟宇，大型廟宇並且會在每年固定時節舉行媽祖遶境活動。媽祖遶境之主要目的在於為民祈福，遶境所經之地，百業皆能受到媽祖庇佑而安定人心。在正統鹿耳門聖母廟正三媽環台遶境之前所舉辦的所有遶境活動，各廟宇媽祖出巡皆只遶境經過臺灣少數幾個縣市，或環狀遶境，或直去直回巡境，法露所沾之地是有限制的。臺南土城正統鹿耳門聖母廟正三媽，首創臺灣揹駕媽祖環台遶境之制度、規模與路線，此已奠定後人重現或複製媽祖環台之重要參考儀軌。

在制度方面，此次環台完全採用人力以跑、走方式揹駕媽祖，因此在選擇揹駕人員方面，特別招募有緣分之九位超馬跑者來輪流揹駕媽祖。超馬是超級馬拉松之簡稱，超馬是需要受到嚴肅看待之人類活動，長途跑步並非所有生物之本能，承襲西元前490年古希臘馬拉松戰役至今之馬拉松比賽距離，是42.195公里，超馬指的即是超過此距離之跑步活動。參與此次揹駕媽祖環台活動之九位跑者，每個人都參加過數場全馬賽事或超馬賽事，他們每一位，都具備苦行僧精神。

在規模與路線方面，正三媽此次出巡遶境21天，日期自2020年9月4日至9月24日，全國除了南投、離島、和台北市之外，沿途行經臺灣所有

有海岸線之縣市，自起點鹿耳門聖母廟開始向南巡行，途中依序經過高雄、屏東、台東、花蓮、宜蘭、基隆、新北、桃園、新竹、苗栗、台中、彰化、雲林、嘉義，最後返回台南起點。在此1139公里路徑上，聖母廟相關工作人員及九位超馬跑者皆各盡所長、衷心奉獻，努力協調且確認好正三媽每晚之駐蹕宮廟，大家一路上並受到有緣人士及熱心宮廟人員之協助輔行。然而，雖然正三媽充滿正面的感召能量，但在活動初期並非每日都受到群眾夾道歡迎，有幾日，陪在正三媽身邊的人，就只有九位揹駕跑者和四位志工。

三、如何使用本書

　　這是一本以歷史學研究方法寫成之人文學專書，由於是對某一歷史事件之詳實考察和記錄，因此本書在未來必然具有史學價值和考古意義，可同時有益於學術工作者和宮廟實務工作者。全書圖文並茂，第一章說明馬拉松與超級馬拉松此類路跑活動和信仰之間的關係。第二章略述媽祖典故、台南正統鹿耳門聖母廟沿革、及揹駕媽祖環台之活動緣起。第三章由全程參與環台1139公里走跑揹駕媽祖之作者林業展主述揹駕過程，業展文誠詞殷，文字中不僅適時述及路跑環台所經處之地理或歷史介紹，更不時流露出他對台灣這塊土地之人文關懷精神。第四章彙整此次媽祖環台20日每晚之駐蹕宮廟簡介，內容包括所駐蹕廟宇之沿革簡介、地址所在、及主祀神祉。第五章以六個訪談題目詢問參與此次揹駕媽祖環台活動之六位馬拉松選手，每個人都有自己的故事，只要是曾經參加過10公里以上路跑活動的人，都能從他（她）們的回答中接收到許多正面能量、會心感動、並受到啟發。而由於本書係由碩士學位論文改寫而成，因此最後二章保留學位論文所需之討論、結論與建議之論文基本結構。

　　本書主題如書名所揭示，涵蓋超級馬拉松和媽祖信仰，因此本小節即以此二個範疇略定次標以進行較深入之論述：1. 超級跑者，超越者何？和2. 鬼神自成否？道自本自根？。如此可為不同領域之讀者做一簡單提示，

使立場不同者皆能從己者或他者、在己或為己之角度，來認識本書、閱讀本書、進一步而能使用本書。

1. 超級跑者，超越者何？

馬拉松（marathon），其名源自古希臘馬拉松戰役（或馬拉松平原），如今已是全世界認可之國際性跑步比賽，正式比賽距離為42.195公里，如此長距離之跑步並非人人天生所具備之活動能力，但它卻吸引了眾多人群，藉由參與這項頗為費力、辛苦、甚至是痛苦之跑步運動來磨練意志、鍛鍊身體、和淬鍊心靈。

略談男女跑者參與馬拉松之思，可有以下數點。

男子跑者之思：為了健康、減重，療傷失戀，一圓年輕之夢想，無聊而練跑，時間太多而跑，不得以而自外於職場而跑，見他人破個人紀錄而激勵自我，想破5（小時）、破4、破330、破3，稍有成績後開始報名國際知名馬拉松比賽，如東京馬、波士頓馬、倫敦馬，自我實現等。

女子跑者之思：為了健康、減重，療傷失戀，去除憂鬱症，因朋友或另一半跑而跟著跑，欲測試自己能耐，想破5、破4、破330，稍有成績便出國比賽，在比賽中持續療傷、進一步尋找人生正面的animus，自我實現等。

參與跑1公里至半程馬拉松（約21公里）是一個等級，跑全程馬拉松是另一個等級，而參與跑超過42.195公里以上之超級馬拉松（簡稱超馬）又是另外一個等級。超馬跑者，是苦行僧，是自我實現者，有時更是哲學家。每個人體能狀況差異極大，但在面對超過42.195公里以上之跑步認知上，差異應是小的，意即每個人都能略為認知到超馬這類長跑，耗費體力極大、沒什麼特別原因不會參與這種活動，且能夠理解可完成這種活動的人都不平凡。

人在世上走一遭，自接受啟蒙教育、稍具人性之後，人生便充滿有意義和無意義的選擇。卡謬（Camus, 1913-1960）對薛西弗斯（Sisyphus）推石頭上山、然後下山的重複過程，下了一個結論：「一切都很好，人必須

想像薛西弗斯是快樂的（All is well. One must imagine Sisyphus happy.）」。參與跑超馬，可以被註解為有意義或無意義的選擇，然而選擇之後，伴隨而來的是一種超越性的責任。

因此，最終且最原始的問題就是：超馬跑者，究竟超越了什麼？作序者本身只跑過一場全馬而並未跑過超馬，但作序者是哲學家，對於上述這個問題，我有答案：

超馬跑者，超越了現實。而現實是什麼呢？是一種荒謬吧！

2. 鬼神自成否？道自本自根？

地球有盡，人有生死，而神有壽乎？我曾經與我7歲稚女閒聊人與神之生死問題，女兒說：「神比較慢死，因為神如果比人先死，那祂就不能照顧人了。」這使我語塞和頓悟，是時為此事記下註解：「人死，神亡」。基本上是一人死，一人所信之神亦亡，但神並非只受信於一人，因此神若為多人所信仰，是神不易死。太史公《史記・卷十三・三代世表第一》借褚先生之口說：「鬼神不能自成，須人而生。」（瀧川龜太郎，1993）。由於人類不會全亡，但有一人存而有信仰，鬼神即在。在臺灣，除了南島語族已存在5000年的事實之外，明清之際無論任何理由而進入臺灣的漢人們，他們都是自身家族的在臺開基祖。初來時，他們在臺灣無鬼可拜，待其二代、三代落地生根、長成、又衰老之後，各家後嗣子孫，就都有鬼可拜了；西元1644年的漢人開臺祖是如此，1895年的灣生日本人是如此，1945年的漢人開臺祖是如此，1991年的臺灣新住民是如此，2030年的臺灣新住民，也會是如此。

媽祖信仰自福建傳播到東亞及東南亞，千年以來，臺灣境內已有數百間廟宇主祀媽祖。各地廟宇之媽祖在不同時空背景下，隨著漢人來到臺灣或直接在臺灣刻產生。本書在第二章第二節臺南正統鹿耳門聖母廟沿革部分，略為簡述此聖母廟媽祖之源流，文中不免提到顯宮（鹿耳門天后宮）與土城（正統鹿耳門聖母廟）媽祖之正統論點。正統之爭似乎有爭，其實亦可無爭，此事係又一例趙州禪師著名公案可為援說，即祖師西來意

一若庭前柏樹子，在已在了，主正無分。故顯宮之說不可謂之不真，800歲土城鹿耳門媽仍栩栩如生，一花不僅開五葉，結果持續自然成。再言太史公於五帝、三代之記所揭示之精神，史者，信以傳信，疑以傳疑，雖兩言卻慎之也。時過境遷，物換星移，媽祖譜系已然繁矣，眾廟多以為誌，然則與家譜、國史一般，記述自家媽祖源流只是為近人留下時代記憶，並教人慎終追遠、謹言慎行（賴世烱，2019），人能以史為鏡，總是好的。

地球上之神明，何者是最初之神明？若有最初之神明，不可逃避之哲學命題必然是：「何物創造出最初之神明？」這個「何物」，老子說「有物混成，先天地生〈老子25章〉」，莊子直承老子思想說「自本自根，未有天地，自古以固存〈莊子・大宗師〉」。於是道家還是為這個「何物」給了一個名可名的名詞：道。而「道」翻譯成英文，只能是音譯的TAO。

地球宗教佛道基回，無一不有某種神祇可以受人崇拜，因此神祇必須與人有關，然而與人有關之神祇皆由人以言語說出，故神祇似乎都應後出於人。「江畔何人初見月，江月何年初照人，人生代代無窮已，江月年年望相似〈張若虛・春江花月夜〉」道即便是自本自根，仍需人來說道論道；江月和媽祖都是現存之物，有源頭等於沒有源頭。花，並非心外之物；人，才是關鍵。

民國110年3月20日　辛丑春分完序於新北板橋

引用文獻

李生龍（註譯）（2009）。〈新譯傳習錄・薛侃錄〉。臺北市：三民書局。

鹿耳門史蹟研究委員會（1981）。正統鹿耳門土城聖母廟沿革暨風雲滄桑錄（郭清林編集）。台南市：弘錩印刷企業有限公司。

賴世烱（2013）。動作變異理論與易學關係初探。收錄於賴世烱、陳威瑨、與林保全，從易經談人類發展學（頁187-215）。臺北市：文史哲出版社。

賴世烱（2019）。賴懸江祖墳修墳記事：併心田碧嶺賴行第派下族衍考。臺灣源流，第86/87期，124-137。

瀧川龜太郎（1993）。史記會注考證。臺北市：文史哲出版社。

友推薦序

許賀淉（Hsu, Ho-Chuan）／放射科醫師

　　與業展一同健身運動多年，除了相互鼓舞堅持，亦時常討論運動生理上的知識理論，雖然我們所學相異，討論的過程中偶有意見相左，但在理念方面卻是殊途同歸，因此最後總能相互驗證知識理論與實際操作經驗，使我們在各自的領域上持續精進。

　　宗教信仰雖不在本人學識的涉獵範圍內，但其所講求的精神韌度卻是我能在業展身上確切觀察到的。若沒有實際經歷過馬拉松，尤其是他此次環島總長超過1000公里，實難想像其間的砥礪磨練，與自我的征戰突破。

　　以此短序恭喜業展順利出書，將其人生中重要的事物以文字圖片表述並留下永恆的記錄，讓擁有共同理念的朋友們能夠從中獲得共鳴。

超馬跑者揹駕臺南正統鹿耳門聖母廟媽祖之環台詳考

西元2020年，肺炎疫情肆虐全球，台南正統鹿耳門聖母廟之鹿耳門媽託夢指示信徒，以揹駕走跑方式沿海線遶境台灣一圈，收瘟疫回天河。研究者林業展躬逢其時，有幸參與此意義重大之民間活動，特以「超馬跑者揹駕臺南正統鹿耳門聖母廟媽祖之環台詳考」為題，採用歷史學和人文學的研究脈絡和敘事方法，撰寫碩士論文並形成人文社會科學領域之專書一冊。本文依以下章節，依序撰寫：第一章緒論，第二章媽祖環台祈福活動，第三章揹駕紀實，第四章媽祖駐鑾宮廟，第五章揹駕媽祖超馬跑者之介紹與訪談實錄，第六章綜合討論，及第七章結論與建議。

第一章 | 緒論

　　村上春樹（2008）在其書中〈關於跑步，我說的其實是〉提到：「喜歡的事自然可以堅持，不喜歡的怎麼也長久不了。」研究者林業展本身跑齡約12年，僅參加過數場半馬就踏進全馬世界；跑馬初期因在意成績，花費許多時間練習及不斷參賽，更憑藉著年輕就是本錢及初生之犢不畏虎的精神，曾經於102年參加中華民國超級馬拉松協會所舉辦的「國際環台超級馬拉松」，賽程14日，總距離1100公里，最後因傷口感染、惡化成蜂窩性組織炎而退場。幾番下來總把身體總搞得遍體麟傷。古人言：「失敗乃成功之母」，於是研究者向受傷學習正確方法，向賽道學習經驗累積。如今隨著七年的時間過去，研究者在參加諸多超馬賽事的經驗中，如100公里、24小時及48小時，體會出賽事的前半段是用雙腳在跑，後半段是用精神在跑。因此，賽事的淬鍊使人心志成熟，憑藉著笨鳥慢飛精神，再次捲土重來挑戰環台夢想。

　　環台是每一位身為超馬跑者的夢想，但一場環台少說費時數十日，中途要做的準備並非像徒步環台，行李可以揹著或拖著前進。過程中要考量到裝備、補給、住宿等問題，並非易事。因緣際會得知，因全球肺炎疫情肆虐，「台南正統鹿耳門聖母廟」將舉辦媽祖環台祈福路跑活動，賽程21日，總距離1139公里。除9月的氣候炎熱及每日約略全馬的跑步距離，研究者深知環台超級馬拉松並非超級馬拉松可在單日內或數小時結束，不僅時程多日，每日的狀況變化更是無法預測，要完成環台路跑，絕非是靠想像可完成。

　　踏上環台旅程需要極大的勇氣，漫長的賽道上需要有強大的堅定意志方能克服身體極限疼痛及試煉。過程中跑者需要面臨風吹、日曬、雨淋及身體無聲的抵抗。宛如人生縮影般，經歷挫折、阻礙、退縮、沮喪，仍要勇敢積極面對、克服，最後才能夢想達成。一條充滿艱困與挑戰的賽事，

背後道出許多生命歷程，堅持與放棄全在一念間，因此有哪些因素在支撐著人類進行長距離跑步呢？

　　本章以以下二節，進行系統性論述。第一節馬拉松與超級馬拉松，第二節路跑、信仰與宗教。

第一節　馬拉松與超級馬拉松

　　本節主要介紹馬拉松與超級馬拉松之基本知識、觀念、相關賽事、及賽制類型，依以下小節次，進行詳細論述：一、馬拉松源起，二、國際超級馬拉松協會（IAU），三、中華民國超級馬拉松協會（CTAU），四、國內馬拉松賽事概述，及五、賽制類型。

一、馬拉松源起

　　邱榮基、畢璐鑾（2005）提到馬拉松（Marathon）根據文獻記載是古希臘的一處地名，位在希臘雅典東北角26英里亞地加（Attica）區內的一塊狹長土地，西元前490年，波斯帝國君主大流士東征西討併吞許多小國，只有雅典和斯巴達勇敢抵抗波斯的侵略，波斯派遣10萬大軍乘船攻打雅典，從雅典的東北角登陸，當時雅典將軍米爾第雅德斯（Miltiades）據守馬拉松平原嚴陣以待，並派遣一位傳令兵Pheidippides到斯巴達求援，當他跑了246公里到斯巴達完成任務後，隔天一早先行回雅典覆命後，隨即又返回馬拉松平原，其跑步路徑可參閱圖1-1。

　　此時，具備軍事天分的米爾第雅德斯將軍已將波斯軍隊打得落花流水，贏得歷史上著名的「馬拉松之役」，但他卻深怕波斯軍隊乘船繞過半島海岬攻打雅典城，於是再派傳令兵Pheidippides先跑回雅典示警，Pheidippides知道問題的嚴重性，於是他不顧自身疲憊，用盡全力跑回雅典城完成使命後隨即因力竭而亡，這段傳奇也正是馬拉松賽的起源故事。

　　把故事串連起來，可以知道Pheidippides在相當短的時間內從雅典城來回斯巴達城（約246公里×2=492公里），再加上來回雅典城與馬拉松

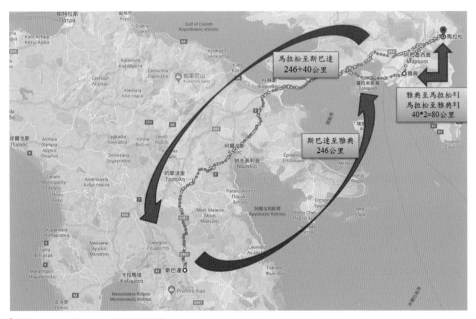

圖1-1 Pheidippides 路跑示意圖
（資料來源：Google map及研究者整理）

平原（約40公里×3=120公里），估計他大約跑了612公里，因此斐迪匹
德斯為國捐軀的故事亦與超級馬拉松有關，由此可知原來超級馬拉松的歷
史比大家所熟悉的馬拉松歷史還要早幾天（郭豐州，2013）。

世人為紀念傳令兵Pheidippides之精神，將雅典運動場到馬拉松古戰
場的紀念碑距離42.195公里定為全程馬拉松距離；另雅典至斯巴達246公
里定為超級馬拉松距離，也稱之為超馬最高殿堂希臘雅典斯巴達馬拉松
（Spartathlon）。

二、國際超級馬拉松協會（IAU）

國際超級馬拉松協會（International Association of Ultrarunners, IAU）
於1984年成立，以Ultrarunners（超級跑者）為名，而不以Ultrarunning為
名，用意在於希望賽事以跑者的需求為中心，畢竟跑者才是賽事的主角。
成立後第一任主席為英籍的坎伯先生（Mr. Malcolm Cambell），他奔走

於各國，提供以跑者為主的觀點和立場，給賽事承辦人去設計比賽。

　　自從國際田徑協會正式認可100公里的世界紀錄以來，100公里便是國際超級馬拉松協會的「主要指標」距離。每年IAU主要比賽包括：1. 國際田徑協會贊助的100公里世界錦標賽；2. 100公里區域錦標賽；3. 24小時世界錦標賽；4. 24小時區域錦標賽；5. 山徑越野世界錦標賽；6. 50公里世界錦標賽，共六大項目（林孟賢，2005）。

三、中華民國超級馬拉松協會（CTAU）

　　中華民國超級馬拉松運動協會（Chinese Taipei Association of Ultrarunners, CTAU）於2011年成立，採用「國際超級馬拉松總會」（International Association of Ultrarunners, IAU）之翻譯向內政部登記，原來的會名為「中華民國超級馬拉松跑者協會」，主要目的是推廣臺灣超級馬拉松運動與世界超級馬拉松接軌。協會的身分也是「國家超級馬拉松協會」，管轄臺灣超級馬拉松運動的相關事宜。

　　根據全國賽事網站統計，2017年台灣舉辦116場超馬比賽、2018年123場、2019年131場，相較於2013年時的22場，如今超馬賽事已成長5倍之多，每年平均都有100場以上的超馬賽事，這代表能挑戰艱難的超馬賽事之參賽民眾亦與日俱增。中華民國超級馬拉松協會所舉辦之超馬賽事計有三種類型：

1. 一般性質賽事，例如：陽明山超級馬拉松、橫越臺灣超級馬拉松、開廣飛跑盃超級馬拉松等。
2. 指標性超馬賽事：例如：東吳大學國際超馬賽。
3. 指標性選拔賽，例如：臺北超級馬拉松–24小時、48小時賽事中達標之選手更可脫穎而出代表臺灣參加國際性超馬比賽，超馬最高殿堂希臘雅典所舉辦之斯巴達超級馬拉松。

四、國內馬拉松賽事概述

　　國民生活水準日益提高，國人對於健康保健觀念越來越講究，根據

教育部體育署「108年運動現況調查」報告指出，臺灣民眾做運動原因，以「為了健康」比例最高，而民眾最常從事的運動項目前三名為散步、慢跑、爬山，相較於眾多運動選擇中，大多數人考量運動項目時，容易將焦點放在方便性、操縱性及場地因素。因此，國人除散步外，慢跑是最常從事的運動項目，不管白天或夜晚，經常可以看見民眾在公園、河堤、學校操場跑步，跑步是一項平民化運動，不分男女老少，不受場地、空間、器材限制，且經濟實惠，在戶外跑步更會提升舒適感受和心情平靜的感覺（Boudreau & Giorgi, 2010）。

週休二日已是現代人的常態休假，台灣各地舉辦路跑活動已蔚為一種風氣，根據全國賽事網站統計，2015年舉辦592場馬拉松比賽、2016年593場、2017年526場、2018年539場、2019年530場，每年平均都有500場以上，以全台平均跑馬人數40-50萬人來說，每週平均10.7場賽事，已讓台灣躍身成為馬拉松人口密度全球第一名。由此可知，台灣民眾參加馬拉松賽事活動逐年增加。

五、賽制類型

一般馬拉松競賽可分為平路地形、山路地形、越野地形或極地地形，且並不受地形影響距離，因此在賽制上依競賽距離可歸類為：

1. 路跑賽：10公里（含以下）。
2. 越野賽：距離範圍10-100公里不等。
3. 馬拉松：半程馬拉松21.0975公里及全程馬拉松42.195公里，是屬於現行正規賽事類型。
4. 超級馬拉松：簡稱超馬，距離超過42.195公里的長跑比賽或者是耐力賽，一般而言可分為兩類型：
   (1) 計時賽：同樣時間累積最長距離者為優勝，通常可分為12小時、24小時、48小時，目前國際上最長的計時賽為6天賽，其中以24小時較受歡迎。
   (2) 計距賽：同樣距離最先通過終點者為優勝，通常可分為50公里、

100公里、100英里、1000公里、1000英里，其中100公里是國際田徑總會認可的比賽距離。

第二節　路跑、信仰與宗教

本節探討路跑運動和信仰與宗教之間的關係，依以下小節次，進行詳細論述：一、路跑與信仰，及二、路跑與宗教。

一、路跑與信仰

一般人對馬拉松賽事，大多以參加5公里或10公里等較短距離比賽開始，隨著賽事參加經驗多寡與個人進步幅度，考量自身情況進而挑戰半馬或全馬。在完成全馬賽事後，更進一步提升與挑戰自我的跑者則會以超馬賽事當作考量自身能力的里程碑。藉由進行不同距離的賽事，來修正自我的跑步態度和跑步姿勢，進而內省自我的心理狀態，以獲得人生的外在與內在成就。

奧運金牌得主Emil Zatopek說：「如果你想跑步，跑個一英哩就好。如果你想體驗不同的人生，那就跑場馬拉松吧。」一般馬拉松的距離為42.195公里，任何距離的馬拉松賽事都是從慢跑開始，距離不長的慢跑通常會使人愉悅。然而完成一場馬拉松並非易事，若準備不足便去參賽，即使完賽也會弄得遍體麟傷。對於一般初次參加馬拉松的跑者，內心感受五味雜陳，經歷無數次的掙扎與挫敗，克服著生理的疼痛及心理的沮喪，最後在完賽之際將充滿喜悅及成就感。隨著參加經驗的累積及訓練量的準備充足，大多數跑者的成績都會有明顯進步，畢竟馬場有一句老話是這樣說的，馬拉松沒有奇蹟只有累積，更沒有捷徑，只能憑藉著自己一步一腳印的努力與付出，最後終能得到甜美果實。

然而，更有跑者追求自我極限，進一步挑戰超級馬拉松或是極地馬拉松，這是馬拉松距離的放大版本，超馬跑者內心的心路歷程非一般馬拉松跑者可以比擬。世界超馬冠軍關家良一（2012）在其《跑步教我的王者

風範》書中提到：「人生就像一場馬拉松，沿途有高潮迭起，狀況不好之時，更加能顯示一個人的人生觀」。因此，不管賽前準備如何充足，經驗如何老練，每一次的過程都只能用「征戰」來形容，因為一場超馬賽事跑者在長距離的參賽過程中，長達數小時或數日不斷的跑著，過程中聆聽著自己的呼吸聲及與自己對話，堅持自己的步伐，忍著孤獨與疼痛前進，直至終點。過程中面對困境之時只能自己與自己對話，面對或放棄？這念頭會一直在腦袋裡面一點一滴的侵蝕著所剩無幾的堅持。

Hanson、Madaras、Dicke、與Buckworth（2015）及Hanson與Buckworth（2016）對半馬、全馬及超級馬拉松跑者的研究顯示：半馬及全馬跑者主要為了個人目標成就此一外在動機而進行運動，但超馬跑者則是以生命意義的內在動機為其運動因素。

是什麼心理特質支撐超馬跑者勇於接受挑戰？是什麼信念讓他們完成超馬賽事？信仰一詞不單指宗教上對神的崇敬，有時亦可表達內心對特定事物的信念。跑步運動亦有所謂信念一說，沒有信念的支持，跑者是沒有靈魂的。然而跑者不一定擁有宗教信仰，不一定為了宗教而去完成運動，更未必以宗教為唯一信念支撐自己，而支撐運動者當下信念可謂是自我產生的信念，如同靈魂一般肯定自我能擁有無限的力量而去完成運動。拜恩（2007）在《祕密》一書表示，當你已經發出某種頻率，吸引力法則就會驅動人、事物和情境，讓你來接收它。當自己心中無所疑惑，堅持自己的信念時就可實現任何想望，也就是我們常說的心中所想，必達所望。

古希臘格言是這樣傳頌的：「如果你想要健康，跑吧！如果你想要俊美，跑吧！如果你想要聰慧，跑吧！」。希臘是西方文明的發源地之一，希臘人的生活和文化中，離不開宗教和神話。他們認為只有將人類最美好的超群力量、健壯的軀體、高超的技藝、勇猛的意志、真誠善良的道德全部獻給諸神，才能表示自己對神的崇敬。

古希臘民族自古就有透過運動場的競技方式表達對神的敬仰，藉由強健體魄使自己接近完美狀態，並透過運動競技的方式，超越「人」的極

限而更接近「神」的境界,換言之,運動員透過競技使身心達到極限,無論是以競技表現得到外在榮耀或是以之找到內在的自我價值,這都是達到「人神合一」的高峰境界,享有跟神一樣至高無上的榮耀,表現至高無上的「敬」。

　　超級馬拉松是一項長距離跑步運動,跑者在數小時或數天過程中,孤獨地跑著,過程中與自己對話及聆聽自己的聲音,堅定步伐一步一步的踩下去,以超越極限的方式展現人類對大自然及無形力量的敬畏及意識到「神」的存在,就像苦行憎的修練一般,透過修練的方式遠離凡塵、與世無爭,追求心靈的解脫,表達對「神」的敬仰。

二、路跑與宗教

　　根據統計台灣近三年舉辦了千場以上的馬拉松賽事:2017年526場、2018年539場、2019年530場,每年都在500場以上,每週平均10.7場;超級馬拉松賽事之場數則是2017年116場、2018年123場、2019年131場。台灣馬拉松人口密度居全球第一,由此可知,臺灣瘋路跑蔚然已成為一股潮流,帶動著不同組織單位在台灣各地接連搶辦馬拉松路跑活動以創造商機。因此,宗教組織也希望投入資源帶來效益,經統計近三年由宗教組織主辦的馬拉松路跑活動,2017年6場、2018年6場、2019年9場,皆有逐漸成長趨勢(參閱表1-1),但宗教組織尚未舉辦過超級馬拉松賽事。路跑活動背後所帶來的商業效益及附加價值更是可進一步探討:

1. 觀光經濟效益:「108年國人旅遊狀況調查」報告指出,國人國內旅遊「每人每次平均旅遊支出」新臺幣2,320元。目的為「觀光、遊憩、度假」最高,占81.4%,出遊以「自然賞景活動」(占65.7%)最多,其次「運動型活動」(占5.3%)。馬拉松活動均在周末舉辦,民眾前往當地參加賽事亦可規劃闔家同樂旅遊及過夜,在攜家帶眷的狀況下,一場賽事參加平均人數為2000-3000人,如此將觀光休閒與運動養生結合,可創造越來越大的商機。

表1-1 台灣宗教組織近三年舉辦路跑活動一覽表

舉辦年月		路跑活動名稱	主辦單位
2017年	1月	屏東縣佛教會「以愛為名迎春祈福」健康路跑	屏東縣佛教會
	3月	雲林縣東勢半程馬拉松	金闕皇基太極殿
	3月	歸南北極殿真武盃路跑賽	歸南北極殿
	5月	第一屆笨港水仙宮文化祭路跑賽	嘉義笨港水仙宮
	6月	跑出金虎爺全國路跑賽	嘉義新港奉天宮
	12月	北港媽祖盃全國馬拉松	雲林北港朝天宮
2018年	3月	彰化南瑤宮－媽祖盃全國路跑公開賽	彰化市南瑤宮
	3月	歸南北極殿真武盃路跑賽	台南歸南北極殿
	3月	慶祝佛誕浴佛法會暨全國萬人馬拉松健康路跑	臺灣佛教總會
	11月	跑出金虎爺全國路跑	嘉義新港奉天宮
	12月	高雄六龜有囍公益祈福馬拉松	高雄六龜諦願寺
	12月	北港媽祖盃全國馬拉松	雲林北港朝天宮
2019年	1月	中華佛教僧伽會歲末祈福法會暨全民健康路跑	中華佛教僧伽會
	4月	花蓮祈願成真馬拉松	花蓮港天宮
	4月	歸南北極殿真武盃路跑賽	台南歸南北極殿
	8月	聖母廟月老姻緣紅線牽馬拉松	鹿耳門聖母廟
	10月	龍崎文衡殿越野接力賽	龍崎文衡殿
	10月	西螺媽祖太平媽祈福馬拉松	雲林西螺媽興宮
	11月	跑出金虎爺全國路跑	嘉義新港奉天宮
	12月	鯤鯓王文化路跑嘉年華	南鯤鯓代天府
	12月	北港媽祖盃全國馬拉松	雲林北港朝天宮

資料來源：研究者整理（斜體字者為祀奉媽祖之宮廟）

2. 附加價值：一場活動除經濟效益之外，其所帶來的人潮更是活化了
    週邊商業活動，主辦單位可藉機行銷、提升宗教組織知名度，或是
    結合慶典活動推廣宗教文化事業。

　　從表1-1可瞭解台灣宗教組織舉辦路跑賽事，逐年有增加趨勢，進一
步分析得知，由祀奉媽祖宮廟（表1-1主辦單位以斜體字呈現者）所舉辦
之馬拉松路跑活動，2017年2場、2018年3場、2019年5場，其舉辦之主
要目地在於推廣媽祖文化及提升知名度，並規劃地方特色路線，讓跑者透
過雙腳進一步認識當地特色及行銷觀光。在超級馬拉松賽事方面，則從來
沒有由宮廟主辦之紀錄，因此，台南正統鹿耳門聖母廟「鹿耳門媽」因應
全球肺炎疫情，指示出巡環台之活動，為台灣宮廟首次舉辦之環台超級馬
拉松活動，希望能透過環台路跑公益活動提升人民福祉，發揮穩定社會的
功能。

第二章 ｜ 媽祖環台祈福活動

本研究旨在呈現超馬跑者揹駕台南正統鹿耳門聖母廟媽祖之環台詳考。本章共分三節，主要探討媽祖環台活動源起，依以下節次撰寫：第一節媽祖典故，第二節台南正統鹿耳門聖母廟歷史沿革，第三節媽祖遶境環台活動源起。

第一節　媽祖典故

本節主要介紹媽祖之相關典故和事蹟，具體單元包括：媽祖聖誕、媽祖歷代褒封、和媽祖神蹟。

一、媽祖聖誕

依《天妃顯聖錄》記載（引自蔡相煇，2016）：

> 天妃。莆林氏女也，始祖唐林披公，生子九，俱賢。當憲宗時，九人各授州刺史，號九牧。林氏曾祖保吉公乃邵州刺史蘊公六世孫州牧圉公子也。五代周顯德中為統軍兵馬使。時劉崇自立為北漢，周世宗命都點檢趙匡胤戰于高平山，保吉與有功焉。棄官而歸，隱於莆之湄洲嶼。子孚，承襲世勳，為福建總管。孚子惟愨，為都巡官，即妃父也。娶王氏，生男一，名洪毅；女六，妃其第六乳也。二人陰行善，樂施濟，敬祀觀音大士。父年四旬餘，每念一子單弱，朝夕焚香祝天，願得哲胤為宗支慶。歲己未（周世宗顯德六年、959）夏六月望日，齋戒慶讚大士，當空禱拜曰：『某夫婦兢兢自持，修德好施，非敢有妄求，惟冀上天鑒茲至誠，早錫佳兒，以光宗祧』！是夜王氏夢大士告之曰：『爾家世敦善行，上帝

式佑』。乃出丸藥示之云：『服此當得慈濟之貺』。既寤，歆歆然如有所感，遂娠。二人私喜曰：『天必錫我賢嗣矣』！

越次年，宋太祖建隆元年庚申（960），三月二十三日方夕，見一道紅光從西北射室中，晶輝奪目，異香氤氳不散。俄而王氏腹震，即誕妃於寢室。里鄰咸以為異。父母大失所望，然因其生奇，甚愛之。自始生至彌月，不聞啼聲，因命名曰「默」。

幼而聰穎，不類諸女。甫八歲，從塾師訓讀，悉解文義。十歲餘，喜淨幾焚香，誦經禮佛，旦暮未嘗少懈。婉變季女，儼然窈窕儀型。十三歲時，有老道士玄通者往來其家，妃樂捨之。道士曰：『若具佛性，應得渡人正果』。乃授妃玄微秘法。妃受之，悉悟諸要典。十六歲，窺井得符，遂靈通變化，驅邪救世，屢顯神異。常駕雲飛渡大海，眾號曰「通賢靈女」。越十三載，道成，白日飛昇；時宋雍熙四年丁亥（987）秋九月重九日也。

此處將上述記載略作白話文譯文。依《天妃顯聖錄》（引自蔡相煇，2016）所記載，天妃媽祖是莆田林氏之女林默娘，其唐代始祖林披，生了九個賢能的兒子，唐憲宗時，九個兒子都被授予州刺史官職，時人稱之為九牧。林默娘的曾祖父林保吉，是邵州刺史林蘊六世孫州牧林圉的兒子，五代周顯德時為統軍兵馬使。那時候劉崇自己建立北漢，周世宗命令都點檢趙匡胤戰之於高平山，林保吉在此役有功，但他棄官而隱居在莆田的湄州嶼。林孚承襲林保吉之官位，擔任福建總管。林孚之子林惟愨〔音確，意為恭謹、誠實、忠厚〕，擔任都巡官，他就是林默娘的父親，其娶默娘的母親王氏，默娘有一個哥哥名洪毅，和五個姊姊，默娘排行第七。林惟愨夫妻低調行事且樂善好施，敬奉觀音大士，已過四十歲的林惟愨擔心獨子體弱，於是每天都焚香祈禱，希望再添兒子為林家開枝散葉。周世宗顯德六年6月15日，林氏夫婦齋戒慶讚觀音大士，再度祈禱求子心願說到：「我夫婦二人謹慎自重，修德好施，不敢奢求，望上天知道我真誠為人，再賜我一個好兒子，以光宗耀祖。」當夜，王氏夢到觀音大士告知：

「你家世代敦厚積善，上天會保佑的」，拿出藥丸並告訴王氏說：「服此藥當得慈濟之賜」。王氏醒來後，好像有所感應，沒多久就懷孕了，夫婦二人暗自欣喜：「上天一定會賜給我賢能的孩子」。

西元960年，宋太祖建隆元年3月23日傍晚，一道紅光從西北方天空射入林惟慤的家，特殊香氣瀰漫不散，王氏生下天妃林默娘。鄰里鄉民都覺得這種狀況很奇特，雖然林氏夫婦大失所望，但因為女兒的誕生似乎很不平凡，便對此女疼愛有加。小女嬰從出世到滿月都不哭，因此命名為默。

默娘年幼時即聰慧過人，和一般女孩子不同。八歲隨師訓讀，可了解諸多經書文義；十歲時便喜歡誦讀佛經，時時謹慎自律，成為一位溫和、美好、幽靜、深遠的少女。十三歲時，有位玄通老道士常來找默娘，默娘常施捨給他，道士認為默娘具有佛緣，應自修自持，渡己渡人，於是傳授默娘玄妙法術，默娘很快就學會這些典籍和法術。十六歲時，默娘在一口井邊得到靈符，學會靈通之術，可驅邪救世，時常展現神奇法術和站在雲上橫渡大海，民眾都稱呼她為通賢靈女。西元987年，宋太宗雍熙四年9月9日，默娘於28歲修成道果，白日昇天。

二、媽祖歷代褒封

依《天妃顯聖錄》所記載（引自蔡相輝，2016），媽祖在宋元時期不斷在海上顯靈協助官員擒拿海盜或在莆田地區以甘泉治療瘟疫，並協助官府抵抗金兵，媽祖因此接受朝廷重視，宋朝期間主要誥封媽祖的原因即是救災、助戰、除疫等；後因元朝滅宋之後，元朝定都北方燕京，但極需江南地區運送糧食供給，惟因當時船隻簡陋，無法精準掌握氣候，只能效法宋代沿海人民習俗，仰賴媽祖保佑以解決漕運問題，因此元朝媽祖誥封基本上都與漕運有關。

明朝因防範沿海海寇侵犯，曾經長時間實施鎖國政策，直至明成祖永樂年間派遣鄭和下西洋宣揚國威，其中另一目的當然是暗中查訪惠文帝朱允炆的下落，才又重新開啟航運活動，因此明朝雖然只誥封媽祖兩次，卻實質奠定媽祖之海神地位。

表2-1　媽祖於宋明元清所受褒封一覽表

項次	朝代	年號	西元	褒封
1	宋	宣和5年	1123年	順濟夫人
2	宋	紹興25年	1155年	崇福夫人
3	宋	紹興26年	1156年	靈惠夫人
4	宋	紹興27年	1157年	靈惠昭應夫人
5	宋	淳熙10年	1183年	靈惠昭應崇福善利夫人
6	宋	紹熙三年	1192年	靈惠妃
7	宋	慶元四年	1198年	靈惠助順妃
8	宋	開禧元年	1205年	護國助順嘉應英烈妃
9	宋	嘉定元年	1208年	靈惠助順顯衛妃
10	宋	嘉定十年	1217年	靈惠助順顯衛英烈妃
11	宋	寶祐元年	1253年	靈惠助順嘉應英烈協正妃
12	宋	寶祐三年	1255年	靈惠助順嘉應慈濟妃
13	宋	寶祐四年	1256年	靈惠協正嘉應善慶妃
14	宋	景定三年	1262年	靈惠顯濟嘉應善慶妃
15	元	至元十八年	1281年	護國明著天妃
16	元	至元二十六年	1289年	護國顯佑明著天妃
17	元	大德三年	1299年	護國輔聖庇民顯佑明著天妃
18	元	延祐元年	1314年	護國輔聖庇民顯佑廣濟明著天妃
19	元	天曆二年	1329年	護國輔聖庇民顯佑廣濟靈感助順福惠徽烈明著天妃
20	明	洪武五年	1372年	昭孝純正孚濟感應聖妃
21	明	永樂七年	1409年	護國庇民妙靈昭應弘仁普濟天妃
23	清	康熙二十三年	1684年	護國庇民妙靈昭應弘仁普濟天后
24	清	同治十一年	1872年	護國庇民妙靈昭應弘仁普濟福佑群生誠感咸孚顯神贊順垂慈篤佑安瀾利運澤覃海宇恬波宣惠導流衍慶靖洋錫祉恩周德溥衛漕保泰振武綏疆加佑天后

資料來源：研究者整理

清朝入主中原後以群眾依附宗教心理而大力提倡媽祖信仰；康熙年間施琅率師攻取台澎後，因擔心自己持功驕縱惹來殺生之禍，便假借媽祖神助奏請誥封，康熙皇帝因而晉封媽祖為「天后」及興建天妃宮，賜台灣府治大天妃宮御匾，題「輝煌海滋」，並列為朝廷祀典，春秋遣官至祭，媽祖「天后」最高殊榮從此奠定（蔡相煇，2006）。

　　依《天妃顯聖錄》（引自蔡相煇，2016）所記載之媽祖誥封，宋朝14次，元朝5次，明朝2次、清朝15次，合計36次，如表2-1所示；因應當時社會環境及時空背景因素，媽祖顯靈地區直至清朝已包含整個南洋地區，媽祖之神祇地位，也從福建地方神、沿海守護神，不斷提升到變成海上守護神，成為海神，並奠定其天后地位。

三、媽祖神蹟

　　依《天妃顯聖錄》（引自蔡相煇，2016）所記載可以得知，媽祖的褒封基本上都與神蹟靈應故事都有著密不可分的關係，自宋朝褒封夫人、元朝褒封天妃、明朝因鎖國政策因此對媽祖並無特例晉封、清朝褒封天后迄今；從媽祖神蹟靈應故事時間來分析，從宋朝湄洲醫病、助戰、護航的地方神，至趨敵、護國祐民、消除人間疾苦，以至於成為受到眾人膜拜的海神天后，正好反映出不同時代的面貌及風俗民情，在早期台灣開墾社會中，媽祖信仰即是維繫穩定社會安定力量。這些珍貴神蹟故事的素材，更是延續媽祖研究的脈絡，可搭起每個時代的連結，也因此反映出神祇與庶民生活的關係。綜整神蹟故事後大致上可歸納為表2-2：

表2-2　媽祖於宋元明清神蹟歸納一覽表

朝代	歸納神蹟	最高封號
宋朝	助官方擒拿海寇、救助瘟疫、乾旱、水災、飢餓各種災難、助戰抗金	夫人
元朝	護佑漕運	天妃
明朝	明朝僅褒封2次，前因明太祖進行鎖國政策，後因明成祖尋找明惠文帝而派遣鄭和下西洋，開啟航運政策	無晉封
清朝	助戰、庇佑航運、保護出使琉球平安回國、漕運糧食	天后
清末迄今	護航免難、助戰禦敵、治病除瘟、伏妖制祟、拯饑、助農物成長	天后

資料來源：研究者整理

　　到了清治時期，清朝政府開放大陸移民來台，啟動開山撫番、擴增行政區域，推動各項現代化建設，導致大陸人民大量來台，因此有句俗語「唐山過台灣，心肝結歸丸」。先民遠渡重洋渡海來台開疆闢土，途中要經過台灣海峽黑水溝大風浪，不知能否安然渡過，即便渡台成功，也不知是否能安然生存於異鄉，所以想到此處心肝糾結成一塊「結歸丸」，因此媽祖普渡慈航、護航免難便成為精神支柱。

　　日治時期時，百姓生存在戰亂歲月，為在戰亂中求生存，各地便開始流傳著媽祖抱接砲彈之神蹟。例如台南市安平區天后宮流傳著：

　　　經美軍多次空襲卻未曾中過一彈，炸彈多擲落於鹽水溪北側之外
　　　海，日人傳聞曾見一古代人（指媽祖）在空中用裙擺將炸彈撥彈入
　　　外海，而當時媽祖神像亦有出汗現象，見者莫不嘖嘖稱奇。

　　戴文鋒（2005）於台灣媽祖抱接砲彈神蹟傳說試探一文中，曾針對媽祖抱接炮彈故事作深入的研究，指出媽祖抱接砲彈情節是台灣民間各地，不分東西南北、人不分男女老幼共同流傳的話題，因此這類故事情節不但是媽祖助戰禦故事類型的代表，更是台灣首屈一指的媽祖靈應故事。

第一次世界大戰後，日治下的台灣邁入農業社會，媽祖角色逐漸從海神轉換為農業神，各種神蹟正好反映出神祇與庶民生活的關係，因應時代變遷，趨於人間生活化的敘事，貼合著世俗人的心理。例如雲林縣麥寮拱範宮便流傳：

> 民國九年庚申（1920），台灣南部三廳，於同年四月二十六日起十六天，在嘉義召開共進會，並慶祝新廳落成。當時嘉市商工會特恭請本宮三媽蒞任嘉市城隍廟奉敬。區長蘇孝德、徐杰夫等率廣大民眾致祭。時嘉市郊區疫癘流行，乃恭請本宮三媽遶境並以符水賜飲，大多痊安。後由工商會奉獻金貢旗，以謝聖恩。

《麥寮拱範宮誌》（2003）提到，媽祖以符水治癘的靈力凸顯其因水而靈的神性特點，由之完成治癒疾癘的任務。換言之，媽祖治病除癘的靈應故事類型源於媽祖原始女巫的巫術，以及媽祖護航免難而衍生的水神特點。

第二節　台南正統鹿耳門聖母廟沿革

台南鹿耳門，在媽祖的信仰上有著重要的歷史地位，見證著台灣的歷史興衰，早期為進入台灣的重要地點；延平郡王鄭成功到訪之前，當地早有祭拜媽祖之寺廟，但只是以茅草建造，鹿耳門史蹟研究委員會（1981）《正統鹿耳門土城聖母廟沿革暨風雲滄桑錄》記載「鄭軍一登陸地，視察敵軍情勢，驀然發現該地南端島上建有媽祖廟一所，內有三尊軟身媽祖神像，雕塑精美，栩栩如生，使悟漲水助其進軍台江者，時由聖母庇佑所至」。後有傳說延平郡王為感謝神恩而重建廟宇，供奉隨艦而來的三尊媽祖神像，入廟供俸祭拜，當地民眾信徒認為這三尊神像就是現在的「文館媽」、「武館媽」與「五角頭媽」。

《台灣縣志》記載：

「媽祖廟，康熙五十八年，各官捐俸同建。前殿祀媽祖，後殿祀觀
音，各覆以亭。兩旁建僧舍六間，僧人居之，已俸香火。董其事
者，經歷王士勤。」

康熙五十五年（1716）王士勤任職台灣府「經歷」，而媽祖廟於王
氏到任後三年的康熙五十八年，由在台官員捐俸同建，為當時官建廟宇，
因此稱媽祖稱為「鹿耳門媽」。

依《台南土城正統鹿耳門聖母廟廟誌》記載，同治十年（1871）曾
文溪、灣裡溪兩溪氾濫，下游支流改道而造成鹿耳門古廟遭洪水沖
毀，被搶救的神尊寄奉於三郊鎮港海安宮。日大正二年（1913），
土城仔居民在西平湖仔撿到海漂王船，表示乃是船上五王，內載有
唐朝時代李、池、吳、朱、范等神祇，並表示是受鹿耳門媽之邀而
來，於是土城仔居民舉行「五王上山」迎進奉祀，另舉行上山祀儀
恭迎王船，擇地建王爺廟，名曰「保安宮」，位在今台南土城的城
西街、城北路、安中路交會處。另居民感念媽祖寄祀三郊海安宮87
年之久，於1918年迎回聖母。因此「保安宮」前後兩殿，前殿供奉
五府王爺與王船，後殿供奉舊媽祖廟眾神。

日大正三年（1914），《台灣日日新報》報導：

鹿耳門台灣八景之一，距安平西北海岸，約一里許，四面皆海，中
一浮嶼，百餘年前，台南三郊建三進廟宇，奉祀天上聖母，名曰鹿
耳門媽祖，道光年間，全座被水淹沒，至今當陰曆七月十四日，三
郊在水仙宮開盂蘭會，相傳為鹿耳門寄普，邇來該廟宇漸漸浮復，
附近土城仔庄民陸續收拾之，遽聞埋入水中約三四丈深，惟木料無
存，磚石似無流失，至近香爐約台亦皆浮出，並廟中器具，具完全
無缺，該地父老來談，原去年有一王船，不知從何處流來，滯在廟

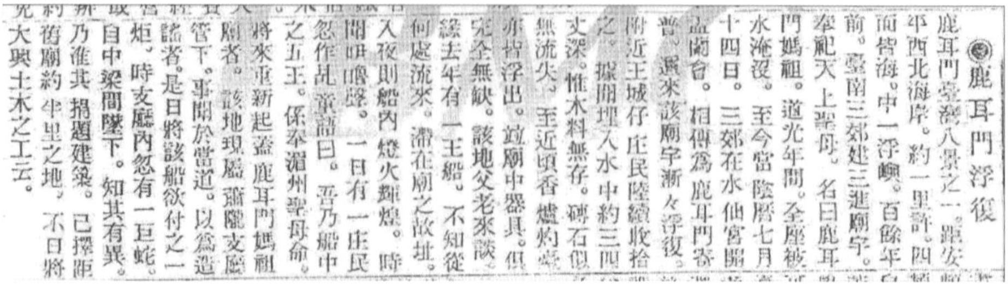

圖2-1 鹿耳門浮復
（資料來源：台灣日日新報1914年8月27日刊）

之故址，入夜則船內燈火輝煌，時聞咿嚕聲，一日有一庄民，忽作乩童語曰，吾乃船中之五王，係奉湄洲聖母命，將來重新起蓋鹿耳門媽祖廟者，該地現屬蕭壠支廳管下，事聞於當道，以為造謠者，是日將該船欲付之一炬，時支廳內忽有一蛇，自中樑間墜下，知其有異，乃准其捐題建築，已擇舊廟約半里之地，不日將大興土木之工云。

　　民國45年（1956）台大楊雲萍教授率學生考察，認為鄭成功登陸於顯宮，當地居民稱為媽祖宮，且支持顯宮鹿耳門天后宮的主張。以此事為開端，引發土城與顯宮兩地的正統之爭。土城居民乃邀台南市、縣文獻會委員十人，參觀考察保安宮所奉祀之「鹿耳門媽」神像，「鹿耳門天上聖母」石香爐及古廟遺跡，開啟「鹿耳門媽」神尊正統論之先聲，之後廟方在民國49年（1960）改名為「鹿耳門聖母廟」，以昭顯香火傳承。

　　台南正統鹿耳門聖母廟位於台南市安南區城安路160號，奉祀主神為天上聖母，俗稱「鹿耳門媽」，鎮殿大媽和二媽為軟身媽祖（即神像身體是由木頭為骨架撐起），高度約等同真人，全身未使用一根釘子，屬早期中國「榫接」木造工藝技術的極致表現，其中鎮殿大媽髮髻後分開雙梳，中間有一下垂的梳束，信眾如瞻仰莊嚴法像，聖母宛若微笑回視、栩栩如生，經藝術史家鑑定神像約為明朝的作品，如圖2-2所示。

聖母廟占地15公頃，廟殿建坪達2萬餘坪，採四進、三落、五殿設計進行興建，兩側以廂房迴廊相接，上覆琉璃瓦簷飾相連，廟殿周圍有護城河之設計，神殿皆以大紅柱支撐，呈現富麗堂皇之氣勢。前殿主祀五王，中殿主祀媽祖，後殿主祀佛祖殿、大士殿、天公殿等，廟中祭祀神祇與位置整理，如表2-3所示。廟高十三層，高四十二公

圖2-2　軟身媽祖神像：（左）鎮殿二媽、（中）鎮殿大媽、（右）出巡大媽
（資料來源：台南正統鹿耳門聖母廟官方臉書）

尺，各殿中央空間均挑高數層，形成高大特殊的現代廟宇風格，整座廟宇宛如古代宮殿再現，前所未見的巍峨廟殿，為全世界建築規模最大的媽祖廟（周宗楊、吳明勳，2016）。

表2-3　鹿耳門聖母廟祭祀神祇一覽表

位置		奉祀神尊
前殿	五王殿	五府千歲、水仙尊王、開台聖王、將軍府將爺、境主公、管船大王、盧清將軍、韓德將軍、百年王船
中殿	媽祖殿	天上聖母（鹿耳門鎮殿大媽、出巡大媽、鎮殿二媽、文館三媽、武館三媽、鎮座天上聖母）、福德正神、註生娘娘
後殿	佛祖殿	釋迦牟尼佛、文殊菩薩、普賢菩薩
	大士殿	千手千眼觀世音菩薩、南海觀世音菩薩、普庵祖師、韋馱護法、迦藍尊者、眾羅漢尊者
	天公殿	玉皇上帝、三官大帝、關呂張三公、張天師、普化天尊、王天君、南斗星君、北斗星君、斗姥元君、左輔洞明星君、右弼隱光星君、六十太歲、南極仙翁、白鶴童子、月下老人

資料來源：研究者整理

圖2-3　鹿耳門聖母廟之牌樓
（資料來源：台南土城蔡明宜先生提供）

　　為符合遠東第一大廟之廟譽，廟方於2019年起耗時1年8個月重金打造全長60米、高度19米的巨型鹿耳門牌樓，以豐富的文化歷史背景及雄偉壯觀的精緻刻工為訴求，建立了聖母廟廟門牌樓之新形象，如圖2-3所示。2020年9月底，媽祖遶境環台結束的3個月後，廟方於109年12月22日上午舉行揭牌儀式，由總統蔡英文率行剪綵祝賀。

第三節　媽祖遶境環台活動源起

　　《天妃顯聖錄》（引自蔡相煇，2016）中記載，南宋時期，莆田及其周圍地區發生瘟疫，經媽祖指示飲用聖泉後，罹患瘟疫者大多得以痊癒。另日治大正年間，嘉義疫癘流行，乃恭迎雲林拱範宮三媽遶境，並以符水賜飲，使民眾可健康度日。

　　2020年武漢肺炎【由於此疾病於2019年年底首度出現於中國湖北省武漢市的華南海鮮市場，故2020年初期世人先暫稱其為武漢肺炎，同年度

後半年則亦廣泛稱之為新冠肺炎、嚴重特殊傳染性肺炎、或COVID-19】疫情肆虐全球，台灣也無法置身事外，全台百姓恐慌之際，台南土城仔信徒蔡明宜受到鹿耳門媽託夢「以揹駕方式走、跑步遶境台灣一圈，不扛轎、不上車、走海線、上燈塔」，隔日便前往鹿耳門聖母廟告知王明義主委、陳春福總幹事；正當眾人在討論此事時，王主委及陳總幹事回復近期夢醒時分亦有看見老婦人來告知「要換便服出去走走，收瘟疫回天河」。為求慎重起見，王主委率管理委員會全體人員向鹿耳門媽捻香、擲筊請示是否要為瘟疫一事出巡遶境環台，在鹿耳門媽聖筊同意之後，王明義主委表示，陽間各地有派出所統管轄區，陰間有也有執法神職，但總會有來不及回陰間或流落在外無人做主的孤魂野鬼。媽祖藉由此次出巡，在每天所經之地引領無主孤魂野鬼，帶他們抵達當天駐蹕宮廟，交由廟方主神處置。委員會經過謹慎討論後，決定招募超馬跑者來揹駕媽祖金身，以進行揹駕媽祖環台遶境活動。由於環台路線長達一千公里以上，揹駕媽祖過程中為避免晃動媽祖而產生不穩定狀況，故決定從聖母廟「文館媽祖」及「武館媽祖」高一尺三（約40公分）、重6公斤的十尊神尊開始擲筊請示。擲筊順序，如表2-4所示，經擲筊至第四尊的文館八號媽祖「正三媽」神尊（參閱圖2-4），連續擲得聖筊三筊，文館八號正三媽媽祖，同意出巡。

表2-4　聖母廟一尺三（約40公分）媽祖神尊擲筊順序表

順序	奉祀神尊	結果	順序	奉祀神尊	結果
1	湄洲媽祖一號		6	大媽三號	
2	湄洲媽祖二號		7	二媽二號	
3	文館三媽二號		8	二媽三號	
4	文館三媽八號	三聖筊確選	9	武館三媽二號	
5	大媽二號		10	文館三媽銅座十五號	

資料來源：研究者整理

圖2-4 聖母廟文館八號媽祖神尊
（資料來源：台南土城蔡明宜先生提供）

聖母廟耆老表示，文館八號正三媽媽祖是黑面媽祖，此次或許是媽祖在天庭神位上有進封需求，因此玉皇大帝特派「黑面三媽」代天巡守並遶境台灣，這就是「人有人的使命，神也有神的職責」。此次媽祖託夢指示出巡收瘟疫時間點剛好落在農曆七月，每年農曆七月正是鬼門開時期，2020年鬼門開的日期為國曆8月19日至9月16日，各方廟宇在農曆6月29日酉時關廟門後貼上公告，農曆七月期間廟門半關或全關，並在廟門豎起燈篙，通知好兄弟晚上沒地方去或想吃東西的可到廟方這邊，不可任意騷擾陽間民宅，並在農曆7月15日（國曆9月2日）舉辦中元普渡。經考量一年一度的中元普渡在即，因此，廟方備鮮花素果由主委王明義先生請示媽祖二個問題：環台出發日期為何？及是否換穿便服出巡？。環台出發日期方面，從農曆7月16日開始擲筊請示，結果是無聖筊，第二次請示是否可在農曆7月17日（國曆9月4日）出發，結果獲致聖筊三筊；服裝方面，正三媽同意換穿便服出巡，因此聖母廟定2020年國曆9月4日為出巡日期。

眼下不足一個月可以準備，媽祖即將出巡遶境環台，正是考驗著聖母廟人員的行政分工能力。台灣宮廟歷史文化中從未有過「宮廟與路跑」的掮駕遶境路跑活動，更不要談論掮駕在外，受凍、受風吹會使媽祖金身有受損之擔憂，在無前例可參照的前提下，總幹事陳春福先生認為自己責無旁貸，憑藉著對媽祖的虔誠信仰及服務廟裏超過25年的資歷，凡事親力親為、事必躬親，深知此次活動除受到媽祖感召外，對於推廣宮廟文化與事業將是一大突破，有鑑於廟方在環台路跑活動方面缺乏經驗，因此特邀當地土城仔人蔡明宜總教練擔任這次活動總指揮，一同列席準備會議，共商擬定活動相關細節，並將此活動定名為「2020年台南正統鹿耳門聖母廟

媽祖環台路跑活動」，並同步朝三方面進行活動準備：一、行政分工：籌
畫製作媽祖環台所需使用神衣、鑾椅（藤椅）、便服（運動服）。二、活
動規劃：計算每日路線、公里數、臉書粉絲團並開放跑者報名參加。三、
招募志工及後勤補給人員。

一、行政分工

1. 總教練暨總指揮蔡明宜先生

　　台南土城仔信徒蔡明宜，58歲，8年前接觸三鐵，從台南古都馬拉松
啟蒙，近年來到處征戰三鐵賽事挑戰自我，在穿越法國1190公里後，持
續參加以下二項超越自我的國際賽事：（1）2018年在瑞士參加超級鐵人
賽226公里*5天，將總距離提升5倍，限時6天9小時（共153小時），完成
游泳19公里、單車900公里、跑步211公里，總距離為1130公里。（2）
2019年進擊挑戰墨西哥超級鐵人
賽226公里*10天，比賽的總距離
分別是一般鐵人賽226總公里數的
10倍，限時14天。完成游泳38公
里、單車1800公里、跑步422公
里，總距離為2260公里，可説是
「世界最高難度的超級鐵人賽」。

　　賽程中，幾乎無時無刻都在
挑戰自己的極限，每到快支撐不住
時，他總會想到媽祖的護佑及抱持
著不能讓台灣人漏氣的鬥志，支持
著他奮戰到最後。當揮舞國旗跑完
最後一圈時，能在國外看到中華
民國的國旗飛揚還聽到國歌響起，
是身為運動選手最光榮與欣慰的
時刻！

圖2-5　蔡明宜總教練
（資料來源：蔡明宜先生提供）

2. 捐贈媽祖神衣的鄭進昌先生（台南土城仔鄭仔寮信徒）

　　神尊身上所穿著之衣服，簡稱神衣，台灣南北稱謂並無太大差異，南部人稱之為雪衣，表示金光閃閃之意，北部人則稱寶衣居多，廟方神職人員均稱之為神衣。此次鹿耳門聖母廟文館八號媽祖出巡遶境路跑活動消息一傳出，土城仔當地鄭仔寮信徒鄭進昌先生即捐贈媽祖神衣一套，供媽祖每日活動結束更換安座使用。

圖2-6　鄭進昌先生
（資料來源：鄭進昌先生提供）

圖2-7　文館八號媽祖神衣
（資料來源：蔡明宜先生提供）

3. 藤椅師傅蔡伯鋒先生

　　蔡伯鋒先生於民國65年拜師在第15屆中華文化藝術薪傳獎得主王永川門下學藝，學習製作神椅、佛椅、太師椅等，至今已餘40年經驗。此次在充分瞭解媽祖環台過程所需使用神椅（藤椅）之細節，對於骨架大小對所需承受之神尊重量及揹駕過程之舒適度，相關所需考慮之重點均了然於心，最後經過多次修改及試揹，終於如期完成此次媽祖環台所需之尊座神椅。

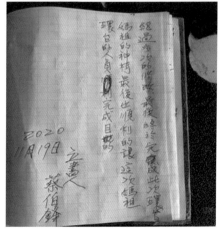

圖2-8　蔡伯鋒先生及其所製神椅和手寫文字
（資料來源：文字及圖片皆由當事人提供）

4. 製作出巡便服的金玉芬、鄭秀錦、蔡麗蓉、黃淑溫小姐

　　媽祖環台期間所著之便服（運動服）共製三套，分為前後兩段製程，前段剪裁製衣由金玉芬、鄭秀錦、蔡麗蓉小姐（圖2-9左上三人）負責，後段再由黃淑溫小姐（圖2-9左下）一人親手縫珠鑲金，整套才算完成。前段剪裁製衣，金玉芬、鄭秀錦、蔡麗蓉小姐三人共同撰文提到：為媽祖量身訂做運動服飾史無前例，我們三人授命這樣神聖使命，倍感榮幸。（運動服）草創之始，考量媽祖的坐姿和手握奏板，無法把跑衣合身剪裁，只能在前身開三叉的披風款式，（經）多次修剪終能完美呈現，功不可沒的是縫珠鑲金邊的巧匠，她讓這件寶衣更顯華麗高貴。

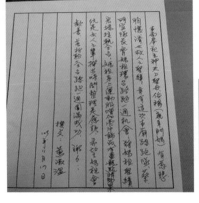

圖2-9　金玉芬、鄭秀錦、蔡麗蓉小姐（左上三人）、黃淑溫小姐（左下）及其手寫文字
（資料來源：文字及圖片皆由當事人提供）

前述提到縫珠鑲金邊係由黃淑溫小姐所完成,她撰文提到:本人祀奉主神天上聖母俗稱「鹿耳門媽」有慈悲胸懷濟世救人之聖蹟,幸有這次本廟路跑隊蔡明宜隊長揹媽祖環台機會,將媽祖聖蹟宏揚接軌全台,媽祖身上運動服增加亮片飾品有畫龍點睛效果,阮是女人之輩,撥出時間整理是應該的,希望媽祖會歡喜,並祈求環台路跑圓滿成功。

二、活動規劃

蔡明宜總教練著手制訂環台活動簡章,每日路線、公里數、休息地點、臉書粉絲團等。有別於一般環台路跑,此次揹駕媽祖神尊出巡環台路跑正逢農曆七月鬼門開時期,依據民間習俗,為避免驚擾好兄弟,宮廟大門白天時需半開或全關,且在晚上六點前必須關上大門;有鑑於此,環台路跑過程中每日必須在晚上6點前抵達駐鑾宮廟並進行媽祖神尊安座,當日活動才算圓滿完成。在聖母廟選定可駐鑾之宮廟後,蔡總教練便根據金蘭會及常有互動往來之友宮(廟)名單,先行制定媽祖每日駐鑾宮廟地點,同時規劃跑者休息處。

台灣四面環海,環台路線就縱貫線一圈來計算,平均為1000公里左右,就海線一圈來算則大約1100公里左右,路跑環台並非徒步環台,以一般人走路每小時平均3-4公里而言,每日10小時只能前進30-40公里,環台一圈至少花上40日方能完成。跑步每小時最低平均可達6公里,每日10小時計算可前進60公里,另考量9月天氣酷熱且每日平均溫度30度左右,因此推估每日可前進50-60公里,平均20日便可完成,因此幾經分析後決定每日平均以50公里計算規劃環台路線,且因每日跑走距離均超過42.195公里,故將揹駕媽祖者稱之為超馬跑者。

考量環台活動初期,跑者身心、體力狀況較佳,因此採逆時針方式沿海線方式前進,如此是先苦後甘之路徑設計。具體路線如下,由台南出發往南走經高雄、枋寮、恆春,到達台東後北上花蓮、宜蘭,之後抵達北海岸基隆、台北三芝,進入西部平原之桃園、新竹、苗栗,到了台中後南下彰化、雲林,切入縱貫線抵達嘉義水上,隔日從台南舊縣府新營大門遶境

台南、麻豆，最後出佳里、七股至台17線回到鹿耳門聖母廟，日程規劃共計21日，總公里數1139公里，每日平均前進45-60公里，媽祖遶境環台每日起終點及駐鑾宮廟如表2-5所示。

表2-5　媽祖遶境環台每日起終點及駐鑾宮廟一覽表

日期	日序	每日起終點	距離	駐鑾宮廟
9/4	1	台南鹿耳門聖母廟－高雄左營	53公里	左營仁壽宮
9/5	2	高雄左營－屏東枋寮	58公里	枋寮五龍寺
9/6	3	屏東枋寮－屏東恆春	49公里	恆春天后宮
9/7	4	屏東恆春－屏東滿州	56公里	滿洲照靈宮
9/8	5	屏東滿州－台東大武	48公里	尚武大陳天后宮
9/9	6	台東大武－台東市	56公里	東海龍門天聖宮
9/10	7	台東市－台東池上	58公里	池上玉清宮
9/11	8	台東池上－花蓮瑞穗	54公里	瑞穗青蓮寺
9/12	9	花蓮瑞穗－花蓮吉安	53公里	吉安聖南宮
9/13	10	花蓮壽豐－花蓮和平	60公里	和平慈福宮
9/14	11	花蓮和平－宜蘭蘇澳	53公里	蘇澳南天宮
9/15	12	宜蘭蘇澳－宜蘭大里	52公里	大里慶雲宮
9/16	13	宜蘭大里－基隆八斗子	50公里	八斗子度天宮
9/17	14	基隆八斗子－新北三芝	51公里	三芝福成宮
9/18	15	新北三芝區－桃園觀音	63公里	觀音保障宮
9/19	16	桃園觀音－苗栗竹南	50公里	竹南合興宮
9/20	17	苗栗竹南－台中大甲	59公里	日南慈德宮
9/21	18	台中大甲－彰化花壇	55公里	花壇楓灣宮
9/22	19	彰化花壇－雲林崙揹	50公里	崙背奉天宮
9/23	20	雲林崙揹－嘉義水上	49公里	水上璿宿上天宮
9/24	21	嘉義水上－台南鹿耳門聖母廟	62公里	鹿耳門聖母廟

資料來源：研究者整理（日期欄內為2020年COVID-19疫情首年之日期）

　　最後透過臉書及粉絲團傳遞媽祖遶境環台活動計畫、日程表、粉絲團專頁、陪跑人員（單日組）名冊查詢、環台軌跡圖，網址：https://bit.ly/3gk7ZDW，並開放全台跑友報名至109年8月23日，分為全程組及單日組。全程組指全程參與21日活動之人員，單日組指僅參加一日活動之人員。然而除了蔡總教練之外，報名參加全程組者只有8位，依據一般長距離馬拉松賽事（超馬賽事）之規定，主辦單位均會制定參賽門檻標準及審查機制，蔡明宜總教練經連結跑者臉書及電話訪談後，得知8位跑者最年輕者40歲，最長者66歲，馬場跑齡平均5年以上。另考量天候炎熱因素，說明環台揹駕過程可用走、跑方式前進，並非全程跑步，跑者可視自身狀況調整休息，故要求所有參加全程組人員投保旅行平安險，並在21日過程中、每日拍照回傳蔡總教練，以進行跑程距離驗證，環台期間亦須攜帶個人健保卡及手機，以確保人員安全。

三、招募志工及後勤補給人員

　　本次活動由聖母廟派遣一部福斯T4九人座大車乙台全程跟隨，車輛除隨行護駕外亦可立即處置緊急狀況，並備妥補給品沿路隨機開設補給站以服務跑者；招募志工及後勤補給人員可分為兩部分，1. 蔡明宜總教練邀請陳俊彥、蔡耀輝二位志工隨行協助。2. 媽祖信徒陳善富、郭美足夫妻，看到報紙刊登環台消息後自願隨行。大車由陳俊彥、陳善富交替輪流開，郭美足小姐隨車補給，特別值得一提的是，蔡耀輝21日全程騎摩托車隨行機動補給，大家私下都稱他為小蜜蜂。

　　環台期間跑者一行人走、跑前進，速度不一、距離拉長，為安全考量，大車全程慢速行駛以便跟隨在媽祖後面護駕，而蔡耀輝常會騎摩托車先行往前3公里之定點，以補給較快跑者，待所有人通過後定點後再往前推進，他在過程中採購補給品、冰塊、藥品、餐點等，來回穿梭隊伍前後並補給所有跑者，著實發揮了小蜜蜂嗡嗡嗡的功能。

　　以下略記志工們的個人簡介：

1. 志工蔡耀輝先生：

蔡耀輝先生自述：本人現年47歲，土城仔城北里人，會來參加這次活動是因為本身是在地人，更是鹿耳門媽的信徒，聖母廟每3年都會辦一次香醮，土城仔各村莊都會派陣頭參加，本人就參加過宋江陣10次。這次活動是由鹿耳門聖母廟發起活動，我本身跟蔡總教練就是朋友，第一時間蔡明宜總教練邀約志工，本人身為媽祖信徒深覺機會難得便答應參加，教練是希望我開大車，但我建議如果有台摩托

圖2-10 志工蔡耀輝先生
（資料來源：由當事人提供）

車跟隨的話，機動性比較好也比方便，所以很高興能跟隨媽祖及大家一起參與這次活動！因此活動期間就騎了3200公里，足足的環台3倍距離。

2. 志工陳善富先生、郭美足小姐：

陳善富先生，55歲安南區頂什塭人，郭美足小姐56歲，祖先世居土城子郭吟寮，郭女父親經商，從小在台南市中西區長大，本身就是媽祖信徒，結婚後定居台南市北區。每日按慣例前往家中附近大觀音亭拜拜並稟告觀音佛祖近期所夢之事，經觀音佛祖指示，郭女需返回鹿耳門聖母廟將其所夢之事稟明媽祖。某日早膳之際，陳善富先生從報紙中得知鹿耳門聖母廟要舉辦「媽祖21天環台祈福遶境路跑活動」，起心動念便想隨行擔任志工，他們以E-mail方式報名參加，工作人員協助他們與蔡明宜總教練取得聯繫，在瞭解此次活動緣由後，郭美足小姐一心認為：人要保有善心、凡事皆有因果。陳善富先生則主張：媽祖信仰使人更堅定意志。於是兩人抱持著甘願做歡喜受的心情踏上媽祖祈福21日環台旅程。

圖2-11 志工陳善富先生、
　　　 郭美足小姐
（資料來源：由當事人提供）

第三章 ｜ 揹駕紀實

　　2020年媽祖遶境環台活動由台南正統鹿耳門聖母廟舉辦，經擲筊三聖筊後，決定由文館八號媽祖「正三媽」神尊（高一尺三、重6公斤）出巡，目的在於透過環台路跑活動賜福人民、消災解厄、驅趕瘟疫，活動日期自2020年9月4日至9月24日，為期21，每日平均前進45-60公里，總距離為1139公里。考量活動初期時，跑者們在體能、意識各方面應有較好的狀況，故採先難後易策略，以逆時針環台方式而沿海線前進，故從台南出發後往南前進，經高雄、枋寮、恆春，到達台東後北上花蓮、宜蘭，到達北海岸基隆、台北三芝，進入台灣西部之桃園、新竹、苗栗、台中，之後南下彰化、雲林，切入縱貫線抵達嘉義水上，隔日從台南舊縣府新營大門遶境台南、麻豆，最後來到佳里、七股，接台17線後抵達出發點鹿耳門聖母廟。活動期間適逢農曆7月，依照民間習俗，各地宮廟大門白天時僅能開半門或關上全門，正三媽神尊必須於每日晚上6點前到達駐鑾宮廟，並完成駐駕安座。

　　活動開放「全程組」及「單日組」跑者報名參加，沿路由報名全程組之8位跑者為核心，每日單日組跑者為輔助，輪流揹駕媽祖金身，直至活動結束。然而途中考量媽祖每日駐駕宮廟及跑者住宿地點，並適時推廣媽祖信仰文化，因此某些原來為沿海線之路徑，略為折衷而改走縱貫線路徑，相關活動路線及資訊，隨時更新於活動粉絲團網頁。

　　活動期間有四位志工全程隨行參與，廟方則派遣一部福斯T4大車隨行護駕，志工當中有一人騎摩托車機動補給，志工們輪流交替駕駛大車及機車，沿途護駕媽祖金身及機動開設補給站以服務跑者。以下依照每日行程，詳細記述21日揹駕媽祖遶境環台之全部過程。

第1日，台南鹿耳門聖母廟啟程－高雄左營，53公里

　　烈日晴空下僅參雜了稀疏的薄雲，有一群人正抱持著為台灣祈福的心情進行著一項前所未有的計畫，在充滿興奮的心情中踏出一絲不安的步伐，不安的是自己即將踏上的旅途是無人嘗試且充滿未知變數的21天，在盛大的起跑典禮後，如圖3-1.1所示，一行人風光離開聖母廟，踏上台17線，展開揹駕旅程，朝著國境之南的方向前進，此時迎面在前的是南部無比炎熱的九月氣候，酷夏炎日照射在毫無遮蔽的柏油路上，陣陣熱氣不斷奔騰而上。適逢週末前夕，第一日單日組參賽者將近百來位，炙熱的溫度下，隊伍的速度一直都處於慢速，而跑者身上除了水袋外，並不攜行厚重裝備，有別於一般跑者環島需把一切行囊帶在身上，最後演變到只能徒步前進，本活動全程組之超馬跑者為能長時間保持最佳體力，應儘量減輕身上裝備，在沒有重物累贅壓力下才不會被拖垮體力。然而此次需輪流揹駕6公斤重之媽祖神尊金身，對這群超馬跑者來說無疑是一項艱辛的挑戰。

　　台17線，又名西部濱海公路，沿線最大的特色就是其海岸線地形，如圖3-1.2所示，台南黃金海岸沿線沒有什麼遮蔽物，只有幾株臨海植物的樹蔭及涼亭可供休息。穿越安平區後，進入高雄而抵達第一個位於茄萣的補給點，大多數的跑者在此時都在與自己的精神意志力對抗，台灣地處亞熱帶地區，四季分明，因此跑者有著跑秋、冬、春天、休夏天的習性，經歷一連串的賽程

▎圖3-1.1

▎圖3-1.2

後，每年4-8月需使精神及肉體休養生息，9月則是馬拉松場上的開學季，大多數的跑者都會在9月自我調整並逐漸恢復訓練進度，不會一窩蜂卯足全力參賽，因此不難想像第一天在9月4日出發時，南部還是處於秋老虎階段，因此跑者肉體難以承受的炙熱痛楚與內心想完成比賽的窘境，在心裡形成了一股推力與阻力相互抗衡的力量，面對著遙不可及的未知，許多單日組跑者選擇放棄，只有少數人選擇了堅持。在稍作休息及互相鼓勵後，第一日的這一大群人收拾心情、燃起動力繼續向前，而天候在此時也有了變化，初秋的午後多雲成為了跑者們最佳助力，氣溫不再那麼炎熱，伴隨著海風吹拂，彷彿是順著風飛行的候鳥，順利抵達一站又一站中繼點，持續朝著終點左營邁進。

　　進入了高雄北端梓官區後也約莫到了下班時間，路上的人車漸多，此時接近晚餐時刻，路上瀰漫著菜香味，馬路上更有著熙熙攘攘的人車返家，再加上進入終點前700公尺看到的「國家體育場－世運主場館」逐漸映入眼前，跑者們無不也有種跟著大家一起回家的感覺，想像著一到家卸下一身的疲憊，迎接自己的是豐盛的菜餚以及能好好休息的家，今天所經歷的一切辛勞似乎也能一掃而空、雲淡風輕，同時也告訴著自己不管過程多麼艱辛，大家仍然做到了與自己所定下的約定，順利達成第一日前進53公里的目標。

　　因左營仁壽宮與終點海軍四海一家（提供客房及餐廳之旅店）相差3公里左右，因此在到達終點後再利用車輛將媽祖金身恭送至第1日駐駕宮廟左營仁壽宮，並進行安駕儀式及團拜，如圖3-1.3所示，隔日再將媽祖接駕至起點（即四海一家）與跑者會合。想不到第一日便遇到此種屬特殊狀況，因為只有在宮廟沒有香客大樓及附近住宿不便的情況下，跑者們才會先抵達住宿終點，之後再利用車輛接送媽祖金身往返於駐鑾宮廟。

▌圖3-1.3

第2日,高雄左營－屏東枋寮58公里,枋寮五龍寺

　　踏進了南台灣的重鎮港都高雄,今早天氣透露出城市的歷史,如圖3-2.1所示,天空中的灰色來自於港區不斷冒煙的工業區,宛如灰濛濛的一層紗籠罩在城市上空,部分跑者戴上了口罩,這種天氣似乎也讓每個人心中罩上了薄薄一層灰,在剛開始的步伐,伴隨著沒有失去方向的心情前進,彷彿是艘跟隨雷達導引的郵輪般,只想儘快通過這股迷霧,而或許也是因為鮮少看到一群人揹著神像跑步,路過的人紛紛停留下來觀看,就像是前陣子剛通過港都的郵輪船隊,浩大且壯麗、吸引著眾人目光,跑者們就如同這些船隊,在都市的人海中,默默地以稍縱即逝的速度在人們心裡留下奇特的印象。

　　穿越市中心隨即見到脫胎換骨的開發,如圖3-2.2所示,愛河兩側的人文景觀,鐵路地下化後顯現出上層原先的鐵路拆除或綠地興建工程,港口有著連結西子灣哈瑪星博二特區的延伸建設,整座城市讓人又愛又恨的居住品質及重工業的發展宛如交響曲般日夜席捲著高雄,因為作者林業展本身是南部屏東人,因此感受到許多高雄的開發汙染,除了影響市區外,隨著北風吹拂,使屏東也難逃空汙命運。心情還未平復,就已經來到了市

圖3-2.1

圖3-2.2

區尾端，尚未開門營業的夢時代猶如沉寂的陸上藍鯨，伴著灰濛濛的曚曨感，讓人有著宛如置身在迷霧森林的錯覺，片刻之後遂行經小港區、進入雙園大橋來到屏東東港，印入眼簾的小港機場、中鋼工業區、港口貨櫃區均在此處往南延伸至雙園大橋前的林園中油煉油廠，此路段貨櫃車、聯結車、砂石車車聲呼嘯而過，這就是重工業吧！業展心裡想著，住在此處的居民一輩子都可以拿著工業區補助款過日子，那麼僅一橋之隔的屏東呢？此刻，正當要離開高雄林園尾端進入雙園大橋前，急下了一場滂沱大雨，是在呼應表達著我們心中的不悅？還是老天爺送給我們一行人的洗滌之禮呢？

　　跨越高屏邊界，此時雙園大橋就像兩個世界的接點，高雄林園這端下起滂沱大雨，橋的彼端屏東東港卻是出太陽的好天氣，跑者們即將面臨到第一次下雨後在豔陽下跑步的狀況。或許正是因為夏季尚未結束，路上幾乎沒什麼風，就算偶爾吹起的微風，也彷彿是蒸氣室裡的焚風，充滿著濕氣與令人厭惡的熱度，內心又再一次面臨考驗。

　　路邊的海鮮餐廳，帶來魚腥味，這裡不久前剛完成全台最大的燈會，2020年1-2月屏東綵燈節上場，這令身為屏東人的作者業展感到驕傲，這就是全台灣最知名的黑鮪魚集散地「東港」，漁市車水馬龍的繁榮景象及採買漁獲的遊客、來到此處要搭船前往小琉球遊玩的大學生們，以及從熟食市場飄出來的陣陣香味，有著新鮮的生魚片、熱騰騰剛炸好的旗魚黑輪，還有最知名的雙糕潤，無不令人食指大動，只可惜跑者們並無法在此停留，畢竟肩上揹負著重任，身上搭載著滿滿期望，於是只好加緊步伐前往下一個中繼點。

　　持續的好天氣讓身上流下來的汗流經衣服上時，宛如一條小河，沁入到乾涸的大地中，突然揹駕著媽祖的跑者雙腳不聽使喚，步伐加重、寸步難行，但在離開台17線往大鵬灣跑時，步伐卻輕鬆起來，這是媽祖在靈動嗎？於是揹駕一行人便轉入大鵬灣休息，看著灣內平靜的水面調整呼吸、同時也調整自己。然而從前的大鵬灣並非今日所見，在半個世紀以前這裡曾是軍事基地，而且以前也不是叫大鵬灣而是叫大潭，意思是很大的內

湖，1945年日本戰敗，日軍將這海軍航空基地交給中華民國政府，政府便將大潭易名為大鵬灣，之後便以此名沿用至今。

　　離開東港大鵬灣返回台17線之時，火車在一旁疾行，揹駕一行人來到了枋寮，枋寮往南的台鐵火車站只剩加祿、內獅、枋山三站，之後軌道便一路向東朝台東前進。沿海的東港、林邊、佳冬及枋寮身為漁港城市，有著鄉下地方的純樸及虔誠的媽祖信仰，地方民眾在駐鑾宮廟五龍寺的廣播下，得知「鹿耳門媽」今晚要駐駕五龍寺。此時正在路口舉行的普渡祭典，因得知媽祖即將抵達而趕緊進行，為了就是要使媽祖金身順利進入五龍寺內舉行安駕儀式，當揹駕一行人抵達村莊時，原本不大的馬路被熱情夾道歡迎的群眾塞滿，人人無不雙手合十，表達對媽祖的虔誠與熱愛，如圖3-2.3、3-2.4所示。

| 圖3-2.3　　　　　　　　　　　| 圖3-2.4

第3日，屏東枋寮－恆春49公里，恆春鎮天后宮

　　昨日是到高雄的第一日，今天來到屏東，屏東縣地處狹長，屏東縣的行政中心屏東市到最南端恆春，光車程就要兩個多小時，中間的枋寮更是處在西部幹線的末端及連接著恆春半島，為何枋寮稱之為枋寮，這是因為枋寮舊地名是水底寮，是西部幹線火車最南端的大站，再經加祿、內獅、枋山三個地區車站，南迴線便開往台東方向，因為火車未行駛至恆春，因此旅人大多在枋寮轉車，而枋寮的地理位置除了火車以外，水底寮更是海線台17線終點。

　　第三天的開端在五龍寺管理委員會的歡送下，如圖3-3.1所示，伴隨著許多單日組跑者共襄盛舉，一行人輾轉挺進台一線往枋山楓港，首先抵達車城及恆春。屏東人很常被問到一個尷尬的問題：你住屏東？所以你很常去墾丁玩囉？或者是：墾丁不就是在屏東旁邊嗎？種種誤解往往造成屏東人困擾，更是一個趣聞，世人殊不知，從枋山到墾丁國家公園，直線距離至少30-40公里，還是有一段路要走的。

　　前往本日終點國境之南的恆春沿路必經屏鵝公路，如圖3-3.2、3-3.3所示，我們朝南跑時，左邊臨山、右邊面海，沿途風光充滿著渡假氣息，而且因為都在早晨太陽剛升起之際起跑的關係，在晨曦沐浴下跑起來格外清爽，薄薄水氣伴隨著風吹拂在臉上，就像是來自大自然給予的清新擁

圖3-3.1

圖3-3.2

圖3-3.3

抱，路上沒有過多的雜念，只剩下自己的呼吸伴隨著心跳聲，也在不知不覺間開啟自我對話。一個人省思自己最好的方式之一，就是在跑步的時候，或許在旁人看起來跑者是一個人落單的，但其實讓自己處在一個沒有過多干擾的環境，內心的聲音再清楚不過了，一個人的時光不該是寂寞的代名詞，畢竟人身而孤單，但內心並不一定孤獨，我們都必須學會如何與孤單共處。獨處時常常可認識最真實的自我，而孤獨與孤單是不同的，我們或許孤單地做著許多事，但這並不代表我們是孤獨地面對這許多事，這其中可能有著支持我們的家人或另一半，也有可能是朋友或一路上所遇到的陌生人，這些一再告訴我們，在達成夢想的道路上，看似孤單面對的我們其實並不孤獨，記得千萬別因為害怕寂寞，而放棄自己最想或最熱愛的事情，不然可能錯失一路上美麗的風景，與仰望星空的機會。

墾丁的地理位置在台灣最南端的恆春鎮，與鵝鑾鼻相距不遠，恆春是一個富含歷史特色的城鎮，擁有全台百年歷史、保存最完整的二級古蹟恒春古城，古城地點位於恆春鎮中央，創建於清光緒元年（1875年），歷經天災地變、戰爭洗禮後，目前只留有東門、北門、西門、南門等四個城門尚屬完整。生態方面也孕育多元，豐富的珊瑚礁海底地景是眾所皆知的浮潛聖地，深具特色的風吹砂及船帆石在近幾年也變成了網紅打卡聖地。

抵達民宿前50公尺先到達本日駐鑾宮廟天后宮，在完成媽祖駐駕後，如圖3-3.4所示，廟方招待的恆春名產綠豆蒜，這是本日迎接台灣最南端夕陽最好的禮物之一，回想起中午令人感到熾熱的陽光，以及現在夕陽西下時轉變而成了顆和藹的橘色圓盤，或許陽光的週期也跟人的一生有幾分相似？

晨光初起時令人感到充滿希望與活力，提醒一天即將開始，如同新生兒呱呱墜地般，帶給世人新生命的活力與期待，而隨著時間漸漸推進，到了正中午陽光最強烈的時候，正是人生當中最閃耀的時刻，不管是否達到任何世俗觀點上的成功，這時候都是我們最有能量的時刻。等到太陽西下時，不同於強烈的光彩，照射出來的橘光宛如人生最後分享給世人的智慧一樣，光的顏色是如此不同，但卻又因為生命及將消逝而感到薄弱，最

後便消失在海平面下，然而明日太陽依舊會升起，我們或許無法在世上久留，但我們可以在有能力、有體力的時候，盡力做些有意義的事情，創造一個別於舊時代的開端，並把這些交接給下一代。

▌圖3-3.4

第4日，恆春－滿州56公里，滿州照靈宮

　　這一日似乎是國境之南最具充滿挑戰的一日，是因為本日只有一位單日組跑者前來陪跑，這也增加了大家心裡的擔憂。本日在抵達旭海港仔前，要經過南灣到達台灣觀光勝地、最熱鬧的墾丁，一直到護送媽祖上鵝鑾鼻燈塔（先前媽祖託夢蔡總教練時，有提到媽祖需上燈塔），接著一路往上險升坡到達風吹沙，下佳洛水轉進滿州鄉，直至終點旭海港仔（先到港仔才會到旭海）。

　　第4日的出發由於本日只有一位單日組跑者，大家心中埋下了不安的情緒，地陪跑者陳芸楷車城人，有見媽祖環台到恆春，他義無反顧接下恆春到鵝鑾鼻16公里的路跑路段，到達台灣最南端鵝鑾鼻燈塔並完成上燈塔使命，如圖3-4.1所示。接下來的40公里直至終點，

▌圖3-4.1

便是本日的重頭戲；由於作者林業展本身就是全程組跑者及屏東人，亦是隊伍內最年輕40歲跑者，非常熟識當地路線，便挺身而出鼓舞大家士氣，在完成方向、地形與位置分析後，便向大夥精神喊話，説明這兩日到達台東大武前，大家需共體時艱，但不用擔心，因為媽祖冥冥之中自有安排。大夥兒合影後便雙手合十向媽祖稟告接下來的窘境，希望媽祖可以保佑一行人平平安安，此時蔡明宜總教練挺身跑最硬的路段到佳洛水12公里，其中遇到險升坡和馬路兩旁長得比人還高的芒草，前方除了夥伴以外僅能看到少數幾台路過為我們加油的車，以及在頭頂上的大豔陽。

　　落山風的吹拂迎面而來，映入眼簾的是整個一望無際的海岸線與蔚藍的西太平洋，不遠處便能看到放養的牛隻正在啃食青草。隊伍在公車亭稍做歇息，繼續朝佳洛水（港口吊橋）前進，著名的吊橋上遊客稀稀疏疏，反倒是在河岸邊釣魚的人們很熱絡。業展接著跑至滿州這一段，轉彎後便

要開始行進山路，頂著大太陽挺進到滿州，正午時分歇息在滿州鄉公所前方大榕樹下，一旁小吃部店家瞭解「鹿耳門媽」環台祈福正行經此處，堅持招待揹駕人員午膳，也立即備香案恭迎聖母神尊上桌供拜，除祈求媽祖外，也下跪希望媽祖神尊能幫信徒過身消災解厄，如圖3-4.2所示。

▌圖3-4.2

歇息片刻後我們便繼續前進，直到此刻才算是正式離開城市喧囂，回歸鄉下的寧靜。不僅滿州鄉，大多數東南部偏鄉城鎮都面臨到了非常嚴重的人口外流問題，多數僅有的幾戶人家幾乎完全看不到年輕人或小孩的蹤影，都是中老年人居多，當我們正在路邊一戶人家休息時，一位老婦人默默的從我們身旁走過，原來他是我們後方一棟舊式三合院的主人，她很好客的拿了礦泉水給我們，大概閒聊了一下，老婦人也很虔誠地開始祈求一些事，低語聲中無

▌圖3-4.3

法知道他祈求的是什麼，但或許是請託媽祖保佑在外地工作的子孫，個個都能平安且順利吧？老婦人問我們是否會原路折返經過？她想親自下廚做幾道佳餚來慰勞我們，無奈我們必須繼續前行，只好帶著不捨而婉拒她的好意。

再度踏上路途的一行人，與西遊記裡面的人物有幾分相似，一個領頭者唐僧要前往西方取經，幾個人物都在這過程中互相幫忙、扶持，最後才得以排除各種難關抵達西天，而媽祖同樣也是在前往為台灣祈福的道途上，由跑者揹駕，並在途中互相鼓勵。然而即便已經上路好幾天，其實很多得知此事的人都帶著不看好的眼光在議論著這個活動，尤其後來有好幾日都沒有單日組跑者的加入，讓原本就已經帶著疲憊的全程組跑者，只能選擇相信自己，不去理會他人雜音，不論如何都要努力度過前面艱辛的考驗。

眼前出現一面斑駁的公車站牌，告知我們初即將抵達今天的終點站滿洲，在舉行完安座儀式後，如圖3-4.4所示，發現這是一個還保留最初未過渡開發的小村落，比起東部台東市或花蓮市等已開發市區，滿洲所富有的原始地形與景觀，並沒有太多人類活動，相對的

圖3-4.4

缺點就是建設少很多，應該可以稱作是台灣70年代的景觀吧。但這當中所蘊含的人情味卻比都市中密集的水泥叢林還要濃厚，居民的好客及熱情讓人盛情難卻，而夜晚也是格外寧靜。這是一個沒有光害的地方，偶會出現都市中不常見的螢火蟲，抬頭仰望不只能清楚看見天上繁星，眼角餘光甚至就要看到銀河閃爍。待在這個小鎮的夜晚，真是太讓人感動了！

第5日，滿州－台東大武48公里，尚武大陳天后宮

　　終於聽到東部，對於二天沒有單日組跑者加入的我們，已經做好心理準備，所幸本日只需前進48公里，這在環台過中算是相對和藹可親的距離，本日路線一半是山一半是海，大家異常興奮，因為本日即將到達南迴公路的制高點壽卡，而過了此站就算台東了，以往開車或搭車到台東都沒有像今日這般開心，或許這是因為我們都是一步一腳印走加跑，才來到現在這裡的。

　　清脆的鳥啼聲為今日開跑拉起了序幕，朝著九鵬海岸一路向北，右手邊的太平洋在陽光照射下像一大片銀光色的麥田，如圖3-5.1所示，閃閃發亮且隨風波動，不遠的前方可以看見幾隻猴子正在山崖上追逐，而沿路的海景小道伴隨著風光明媚的景色，如同未被發掘的人間仙境，充滿著獨特的愜意。之後到了具有原鄉氣息的旭海派出所，

圖3-5.1

一旁則是旭海社區，旭海社區坐落於牡丹鄉最東側，緊鄰著太平洋，是個依山面海的漁村型部落，而旭海村的地名來自日治時期，當時這裡被稱為牡丹灣，此處最具特色的就是牡丹灣海濱了。旭海是牡丹鄉唯一靠海的部落，因此海濱景觀相當豐富，除了有各式的海岸地形，也有豐富的海洋資源，談到旭海大多數人都會想到「阿朗壹古道」，這一段海岸線古道是目前台灣少數仍未有公路開通的地區，全長8.4公里，若能適當開發和管理，古道路線應該是跨越屏東和台東兩縣的捷徑。阿朗壹之名是源自於當地達仁鄉安朔部落的舊稱，旭海到安朔這段路程，就被稱做阿朗壹古道。目前可由屏東縣牡丹鄉旭海村與台東縣達仁鄉南田村兩端進入，走在古道中可以看到此處特有的依山傍海景色，可惜此處目前列為保育區，要進入

都需要預約，也需要專業嚮導帶領，因此我們只能轉向往西、朝稍微上山的路徑，進入牡丹鄉的東源村。

　　旭海到壽卡全程的上坡路段，中間會經過一個高山部落東源村，此處最有名的就是哭泣湖及沿路的野薑花，而哭泣湖原名為東源湖，排灣族母語發音似哭泣，因此又稱哭泣湖，有著水源匯集，湧泉不斷之意，是東源部落之精神象徵。過了這座南台灣深山內的村莊，再往山上走便會抵達壽卡鐵馬驛站，是屏東縣與台東縣的交界處，也是台九線南迴公路的最高點和必經地。不到10坪大、2層建築高的壽卡鐵馬驛站，如圖3-5.2所示，早在日治時期就是進出台東和屏東的路口檢查哨，1997年解除山地管制後，檢查哨撤除成為閒置建築，現已成為旅客活動中心，海拔高460公尺，是台九線南迴公路最高點，壽卡這個環島必經之地，是單車車友常駐足休息的中繼站，南來北往的人們在此補充體力後再上路，於是這裡便發展成鐵馬驛站，旅人在此短暫停留後，再往北邊的台九線戊線前進，就會進入台東地界，而過了這段路，便會與山路的緣分澈底告一段落，之後將轉換為與濱海公路、花東縱谷的相處之旅。

▌圖3-5.2

　　出了群山後，一路下坡直至大武，途中剛好遇到一位旅人騎乘機車經過我們這一行跑者，好奇近看才知是揹駕環台，便停了下來、主動協助補

▌圖3-5.3

給並膜拜媽祖，如圖3-5.3所示。沿途經過的達仁鄉是全台最南端的一個鄉，除自然原始風貌外，並無太多人為開發，其中著名的土坂村又稱為毛蟹的故鄉，過去大竹溪清澈的溪水，蘊育了富豐的魚蝦，春末時節，原是毛蟹產出季節，無奈八八風災的破壞，至今仍在封溪和復溪。尾聲的大武便是今天跨越地界的句點，大武是一個以漁港為主的小城鎮，幾乎有一半的居民都是以漁業為生，也因此這裡富含著很多並不輸給其他濱海縣市的新鮮漁獲，想當然爾大家晚上可以被犒賞一番，只不過這次夜晚陪著大家的並不是充滿星辰的夜空，而是帶著淡淡清爽的海風。

第6日，台東大武－台東市56公里，東海龍門天聖宮

　　這日東海岸早晨的陽光不到六點便高掛天空，如圖3-6.1所示，今天的路線一路抵達台東市區之前，沿路會經過金崙、太麻里、知本，然後進入台東。漫長的海岸線僅有幾個原鄉部落存在，踏進東部開始，我們感受到花東縱谷地區原鄉部落居多，部落居民已有其他宗教信仰，因此媽祖

▌圖3-6.1

在東部的這一區並沒有引起太大的迴響。離開大武、上武沿途看見海岸公路截彎取直的工程也告一段落，跑在新闢且寬敞的海岸線高架道路上，轉眼間便可看見過去曾風光一時的舊道路靜靜地依偎在山邊，它應該見證了台東的慢速進步。緊接著南迴鐵路電氣化的新工程如火如荼展開，南迴線有著台灣鐵路電氣化的最後一哩路之稱，當西部有火車、高鐵可以選擇的時候，東部只有柴快、自強號火車，如今因應「西部高鐵，東部快鐵」政策，109年底南迴線終於也電氣化通車了。這座安靜的山，進步步調不要太快，也是很美好的感覺。

　　一路上海水帶著陽光折射格外耀眼，沒多久溫度已逼近30度高溫，跑在毫無遮蔽的海岸線上，心情就像在洗三溫暖一般。跑者紛紛開始找尋陰涼處避暑，連揹駕媽祖的跑者也頻繁更換，以防體力過度耗損而發生危險。這幾日開始，新聞上說台灣正在鬧冰荒，許多店家開始無冰塊可賣。就這一點來討論冰塊補給問題，冰塊補給一般可分為藏溫使用及食用兩類，我們一行人的每日冰塊需求量大，補給飲品中若沒有冰塊將是難以下嚥的，但沿路上的便利商店少得可憐，志工們常常遇到店家沒有賣冰塊的狀況，在這種情況下，跑者們只能多喝水和吃鹽錠以避免中暑。慶幸的是，中午在太麻里午休之時，許多商家得知揹駕媽祖環台小組正無冰塊可用，紛紛贊助許多可食用及藏溫冰塊，真的是媽祖有保庇。在太麻里稍作

休息,一旁的華源海灣,便是有著台東夏威夷美名的海灘,不少遊客聚集於此,享受著夏日風情,與正在環台的跑者們形成強烈對比。

▌圖3-6.2

在東部大家對於徒步環台、自行車環台、任何環台的方式都不陌生,但揹駕媽祖環台這件事情就新鮮多了。有民眾口頭詢問我們在做什麼,有人看見隨行車的布條得知媽祖環台,便也口耳相傳互相告知,就在此時,前方來了一位信徒前來參拜,經由信徒闡述才知道她是來東部旅行,早些時候在多良車站俯視看見揹駕媽祖一行人經過,才得知我們正在揹駕環台,由於信眾本人是媽祖信徒,如圖3-6.2所示,因此一路追到這裡,她就地跪拜祈求媽祖,旁人頗能感受到她非常虔誠之內心,這也讓揹駕媽祖環台在此行慢慢有了迴響。

部分跑者在一座小學前停了下來,那就是「豐源國小」,這間小學由台東在地的建築師林坤層先生設計,使用地中海式的藍、白基調為建築意象,多層次視覺交疊,造就了豐源國小的特色,這是近幾年來許多遊客到台東都會慕名參訪的一間小學。

天氣又開始轉變,原本陽光被午後陰雲慢慢遮住,蜻蜓低飛、空氣中潮濕的氣味瀰漫在每個人身邊,老天爺好像在提醒跑者,要我們加緊腳步抵達終點,可是跑者們怎麼可能因為下雨而影響他們的意志呢?果不其然,偌大的水滴開始如隕石般撞擊地球表面,天空開始降下了跑者期望的甘霖,這雨雖然下得有點不是時候,但這卻澆不熄今日駐鑾宮廟廟方人員的熱請,一連串的接駕儀式一項都沒少,如圖3-6.3所示,廟方還呈現出

▌圖3-6.3

專業陣式迎接著大家。大雨持續下著，滿桌佳餚也早已準備著，就等著跑者們安心享用。在廟埕前大家愉悅聊天的聲響似乎要蓋過雨滴敲擊屋頂的聲響，在這片刻歡樂間，可以看出大家帶有些疲態但又十分放鬆的模樣，彷彿暫時忘卻前些日子的煎熬，人們也開始在心中描繪這旅程結束後、值得回憶的輪廓。

第7日，台東市－池上58公里，池上玉清宮

達達的馬蹄聲，出自於跑者們的腳步聲，他們不是歸人，而是揹著媽祖的過客，走跑過了320公里的里程，歷經全程三分之一的考驗，到了離開市區的這一天，或許也是因為這是即將進入花東縱谷的第一天，大家心裡都踏實了許多。這幾天的路線都在縱谷裡，最有名的就是那筆直的台九線，一望無際的山巒、藍天與道路，相信如果是第一次跑馬拉松的人看到這樣的賽道，十之八九可能都會打個寒顫，然而身旁揹駕媽祖的這一群人似乎神情泰然自若，愜意的步伐搭配著溫潤的微風徐徐地吹過，儼然不知道是從山裡吹來？或是前面跑者所產生的白努利（Bernoulli）流體氣體？沿途的好風景讓在林蔭道路底下跑步宛如置身國外，如同在巴黎香榭大道上的優雅漫步，台灣東部得天獨厚的地理環境，使我們這片土地變成外國人夢寐以求的人間仙境了。

跑著跑著，似乎也忘了今日依舊無單日組跑者前來，僅能靠這八位全程組跑者相互扶持，一夥人嬉鬧聊天享受每一刻。然而在我們抵達台東之前，很多人並不看好此次鹿耳門聖母廟的媽祖遶境環台活動，大多數人覺得在炎熱天氣下揹駕媽祖金身環台，我們一群人應該會很快就坐上舒服的巴士、打道回府或是體力不支而棄賽，這或許是可能發生的事，但是那些議論的人可能都忽略了跑者的複雜意志。跑過馬拉松的人都知道，馬拉松並非僅靠意志力就能完成，就算完成也會遍體麟傷，身體在沒做好準備之下參賽，最後一定會反噬自己。因此，參加一場賽事要花相對時間準備，參加一場「超馬賽事」要花更多時間準備，而參加一場「環台超馬賽事」則不只是花時間準備，更要累積相當經驗才能平安完賽，若說馬拉松跟意志力畫上等號，那超級馬拉松除了意志力外，更需包含一種形而上的、超越性的信念，一種以不同方式的寄託信念去支撐著當下，此刻雖不知道支撐這群人的意志力或信念是什麼，但可以確定的是，這一路上大家雙手合十的次數變多了，跟媽祖對話的時間變多了，媽祖此刻不再是遙不可及的神靈，而是像家人一般陪伴在我們身邊。

至於此次環台雖媽祖指示要走跑沿海線，但在花東縱谷上，考量駐蹕宮廟及推廣媽祖信仰，因此現實路段上還是得跑上部分台九線的縱谷路線（即山線）。出了市區碰巧是週一上班日，路上人車眾多，不少民眾沿路跟我們喊加油。受到台東太平文衡殿的邀約，廟方人員請揹駕媽祖一行人轉進太平稍作駐駕休息，然而環台隊伍內有一名女性跑者表達想揹駕媽祖，如圖3-7.1所示，自古女性在神明祭典上有許多禁忌，因此這是打破傳統開放的契機？還是持續保守的延續？經詢問耆老才赫然發現，並無女性揹駕限制，僅須避免月事禁忌。經媽祖聖筊三筊同意後進行揹駕，途中發現女性能力不比男性差，或許也可以因而得知，其實大多數口耳相傳的禁忌，不全然是神的旨意，而是人的過度猜臆。

　　經過台東一定不能錯過豐富的原住民文化，人口與西部相比而言較少的台東縣人口約25萬人，其中三分之一將近有8萬人為原住民，在全台灣16族原住民中就佔了6個族群，分別是阿美族、排灣族、布農族、卑南族、雅美族、魯凱族等，原住民文化中最廣為人知的莫過於小米酒及豐年祭，近數十年來，這些原住民文化已被發展成特色觀光。許多人談起原住民偶爾還是會抱持著偏見觀感，但當我們在對任何事物下定論前可以先思考，真的是這樣嗎？還是僅因個人主觀就幫人貼上標籤呢？如同台灣俚語所說：「一樣米養百樣人」，人不會只有一種、也不該只有一種，我們應該秉持著包容的精神，接納不同的人，欣賞不同的人，不要只想用自己的方式去同化他人。

　　進入關山來到最後一哩路，天公不甘寂寞、用下雨的方式來支持我們，我們幫媽祖戴上雨罩後，如圖3-7.2所示，跑者幾乎都赤腳或穿上拖鞋，在雨中作樂玩起地上積水，淋雨洗去多日來的疲憊。進入關山市區，許多

圖3-7.1

圖3-7.2

民宿商家焚香設案、跪地祈求媽祖，同時也備妥許多補給，邀請捎駕媽祖團隊入內休憩。關山與池上僅相距5公里，同樣以米聞名，要同時在這兩區遊覽也十分方便，當中關山清水公園更是遊覽勝地之一，在這座台灣第一座環保公園內，規劃了休閒作用的自行車道環繞整座公園，總面積達34公頃，外環自行車道一圈將近14公里，成為關山舉辦馬拉松的熱門地點，而特別設置的觀景台上更可眺望關山地區的田園風光，也能看見遠處的池上大橋彼端，由玉清宮領銜的接駕隊伍正在等著我們一行人到來，如圖3-7.3所示。池上玉清宮為鹿耳門聖母廟的金蘭會友廟。金蘭會是由有共同信仰的宮廟所組成的廟宇聯會，創會宗旨為：「凝聚宗教界團結力量、增進宮廟間友誼及解決友宮寺廟登記問題等」。電子花車的聲光效果，搭配廟宇獨有的電音音樂有如成新時代廟宇的迎賓交響樂。抵達玉清宮進行安座團拜後，如圖3-7.4、3-7.5所示，伴隨著夜幕低垂，聲光效果十足的熱情似乎想要讓跑者徹夜未眠，迎接旭日的升起。

圖3-7.3

圖3-7.4

圖3-7.5

第8日，台東池上－花蓮瑞穗54公里，瑞穗青蓮寺

清晨的路面還留著昨晚下雨的痕跡，說起這幾天的天氣也是很奇妙，氣象預報下雨的時間，沿路幾乎都沒遇到，反倒雨都下在每日揹駕結束或深夜臥榻時分，不知這是一行人的好運，或是冥冥之中媽祖有保佑？也或許是媽祖庇佑想讓我們減少些身心上的苦楚，然而今天依舊無單日組跑者

圖3-8.1

前來，全程組「西遊記」揹駕跑者一行人看來今天又是相當精彩且充實。第8日巧遇第一位徒步環台17日的年輕人，如圖3-8.1所示，在補給車停下來一起補給後，我們也從車上分享一些補給品給這位年輕人，彼此祝福接下來的旅程能平安順利。

一望無際的稻田裡最顯眼的莫過於媽祖的小座駕，再來是跑者的斗笠，最後則是隨風搖曳的稻穗，稻田的另一端正是遊客如織的伯朗大道，伴隨著僅有幾朵白雲點綴的藍天，說不定這景象會讓米勒有靈感，想創作出台灣版的拾穗？在這適合作畫的場景中，微風捎來個訊息，經由前些日子大家的口耳相傳以及網路世界的傳播，媽祖環台的事情已經傳播到後續路程的不少地方人士耳中，許多官方和半官方的人士，紛紛致電詢問詳細事宜，這也讓原本低調的一行人漸漸知名了起來！

田野中的軌道，使火車變成其中最常變更的背景，黃色的自強號、雪白帶點線條感的太魯閣號，以及宛如紅面番鴨般的普悠瑪號，看著普悠瑪號疾駛奔馳而過的樣子，彷彿真的看到一隻紅面番鴨在稻田裡追逐小蟲子吃，讓人覺得逗趣，接著一路向北將陸續抵達富里、東里及玉里，其中有熱門打卡景點富里火車站以及玉富自行車道。東里鐵馬驛站是北向玉里的起點，是許多自行車友必訪景點之一，其中還有一個小秘境就是小天祥，小天祥沒有明顯的指標，位置大約在富東公路7K處，主要因為峽谷的地

形猶如縮小版太魯閣，因此有「小天祥」的稱號，這裡除了有壯麗的峽谷景色外，當地的產業道路亦可當成步道遊憩。此外，在小天祥的入口處則是豐南村阿美族的集會所，在每年夏秋之際會定期舉辦豐年祭，是富里最熱鬧的原住民活動之一。

圖3-8.3

　　玉里鎮前的安通溫泉區吸引了我們駐足拍照，雖然僅在路牌下拍照，但還是略為聽聞了歷史，西元1904年，一名採樟腦的日本人在安通溪畔發現溫泉，到了1930年，日本人在此興建警察招待所，並設置公共浴場，之後逐漸發展成為溫泉勝地，但後來隨著遊客轉移，也逐漸不如當初那般熱鬧。正當在遙想古人歷史時，此時大聲公的聲音響徹雲霄，一名從玉里鎮前來的李乃昇信徒前來迎接媽祖聖駕，如圖3-8.3所示，邀請我們前往玉里勝安宮駐駕休息。接受一番熱情款待後，一行人便加緊腳步啟程前往瑞穗，然而前述李乃昇會長真的很熱情，沿路當前導車幫媽祖團們開道直至瑞穗，這是第一次，吸引到群眾目光的不是媽祖揹駕，而是被大聲公給吸引去了。

　　不經一番寒徹骨，焉得梅花撲鼻香，再越過一座山便有終點在即，這座山便是瑞穗境內的舞鶴山，山的兩端連結著玉里及瑞穗，山上的文旦及紅茶舉世聞名。頂上日頭豔烈的威力沒有減緩的趨勢，揹駕爬山路的跑者體力直轉而下，就在體力達到極限、雙腳僵硬、腦袋一片空白想要坐下休息時刻，抬頭一望竟發現烏雲密布，在這個經緯度空間中，無形的北迴歸線從頭頂劃過，原來我們已經到達制高點，接下來就是下坡進入瑞穗境內。

　　揹駕一行人在北迴歸線地標合影，如圖3-8.2所示，心理深知下一次再見到北迴歸線就是環台要結束前的台灣西部的嘉義水上鄉，大家心裡默

默地祈求媽祖能讓大夥平安抵達山脈另一側的北迴地標。這一路苦盡甘來已是稀鬆平常的每日寫照，然而抵達青蓮寺前的間歇性大雨，像是洗滌了一身的疲憊，有些人索性就不穿鞋了，赤腳與地面來個心靈交流，在進行安座團拜儀式後，如圖3-8.4所示，也有人開始欣賞雨後山上雲霧環繞的美景，今日旅程便在晚霞照耀下結束。

圖3-8.2　　　　　　　　　　　　　圖3-8.4

第9日，瑞穗－壽豐（吉安）53公里，吉安聖南宮

　　自詡我們這8位全程組跑者就像西遊記一行人一般，有著共同使命護駕媽祖完成環台祈福，不過這8位平均年齡落差極大，60多歲的有4位、50多歲的有1位，40多歲則有3位，回想環台出發前幾日由於小蝦烈陽的威力，因此導致進度嚴重落後至平均11小時才完賽，中途棄賽的單日組跑者不計其數，加上在進入東部後，幾乎每天都沒有單日組跑者前來共襄盛舉，因此環台處境備受挑戰，我們的跑者朋友們口耳相傳中提到不看好我們，或許只是為我們著想、擔心我們受到無情天候因素的打擊而已。直至今日，我們即將抵達花蓮市中心的邊境，這是媽祖的庇佑？還是跑者的不服輸意志力以致？

　　在臉書粉絲團威力的渲染下，花蓮縣府得知「鹿耳門媽」環台一行人早已抵達花蓮境內，本日將從瑞穗抵達壽豐，因此，早在幾日之前我們便得知花蓮地方父母官徐榛蔚縣長今日要來揹駕媽祖，如圖3-9.4所示。這對我們而言是一種肯定、卻也讓我們更動了一些既定行程。由於本日的規

圖3-9.4

劃僅至壽豐落腳，然而花蓮縣長要在知名的「吉安媽祖」聖南宮揹駕，中間相差13公里，幾經協調後，決定先讓環台跑者揹駕媽祖至壽豐，由花蓮縣府派遣高層及聖南宮的接駕隊伍至壽豐接駕返回吉安，再交由縣長揹駕媽祖進入勝南宮駐鑾，揹駕跑者隔日一早先行至吉安完成接駕後、再按原路線前進。

　　青蓮寺位於一個極廣闊的平地上，周圍盡無住家，唯一相襯背景的只有群山與雲海，早晨的雲緩緩地從山上滑落，宛如被戳破的熔岩布朗尼，巧克力從當中溢出來般的美妙，今天的陽光已不再像昨日那般強烈，時晴時陰的節奏剛好是個令人舒適的步調，跑起來也非常舒適，或許天氣會影

響人的心情，大家難得會在途中有說有笑，談笑間不知不覺到了光復，此地最大的特色光復糖廠，在二次世界大戰時，被美軍轟炸而損毀，之後由台糖接手後逐漸修復並轉型為現在的觀光糖廠，糖廠旁一排排整齊的日式建築，是台灣碩果僅存的日式木構造建築群。

再往前不遠有一個慢活小鎮，那就是鳳林，客家人口為主的客庄小鎮，卻是個出名的「長壽之鎮、校長故鄉」，全鎮人口僅一萬一千餘人，卻出產了超過120位以上的校長、65歲以上長者多達2556人，而小鎮也於2014年獲得國際慢城認證，是全國第一也是東部唯一獲得國際慢城認證的城市，其認證理念是希望透過不改變原有生活節奏、促進人與土地友善共存，進而讓現代文明特色與傳統生活融合在一起。本日因某--聖母廟信徒的娘家恰巧在鳳林鎮，其得知「鹿耳門媽」本日即將經過，因此前一日娘家動員多人準備豐盛美食並設香案恭迎聖母到來，如圖3-9.1、3-9.2、3-9.3所示，我們飽餐一頓歇息片刻後，隨即朝向壽豐前進。之後，眼前迎來由新光集團出資的林榮新光火車站是半地下化的台鐵車站，在東部平原之中別具特色，也是現代少數台鐵廢站後再重啟設站成功的案例車站。

就在離開鳳林不久，天空下起了久違的雨，這是9天來下得最久的一場雨，與神同行一行人依原定期程4點半抵達壽豐，吉安聖南宮代表一行

圖3-9.1、3-9.2、3-9.3

人已恭候多時，並派遣媽祖專用遊行電子花車當前導車，縣府府方高層幹部及聖南宮30位代表浩浩蕩蕩接駕正三媽金身返回吉安（距13公里），直至聖南宮前不遠處，只見花蓮徐榛蔚縣長率領府方高層幹部及地方鄉里長恭候媽祖聖駕，如圖3-9.4所示，此時搭配著此起彼落的歡迎聲樂和民眾熱情，短短一哩路因為信徒們的歡迎擠得水洩不通，千里眼及順風耳兩位神偶隨行，鞭炮煙火同時響徹下過雨的夜空，把夜裡的暗幕照耀得宛如白晝般，最後在夾道歡迎下，跑者們突破重圍才將媽祖順利送到廟門前，此時場面的熱烈程度來到了最高點，全場無不因為媽祖而為之瘋狂，不少人開始搶鑽轎底及一賭媽祖金身，經過一連串的儀式後終於將媽祖安奉好，但場外的歡迎活動依舊持續著，絲毫沒有想結束的意思，看來今夜的熱情不會因接駕結束而中止，還會繼續燃燒好一段時間直至深夜。

　　場面熱鬧中，在角落一隅，看見隨行壽豐至吉安伴駕的一群年輕人無不臉色鐵青，深深表示徒步13公里的辛苦，此時在旁的環台跑者每一位看起來若無其事地談笑風生，這一群年輕人當中，或許有人日後能變成馬場上的好腳吧。

第10日，壽豐（吉安）－和平60公里，和平鄉慈福宮

經過徐縣長的接駕，媽祖抵達花蓮的消息已傳遍大街小巷，一早便來了許多單日組跑者及花蓮當地知名的吉安路跑隊，由會長陳明裕率領，浩浩蕩蕩一同共襄盛舉，護駕媽祖至和平，正當至吉安聖南宮完成接駕出發之際，路口便已跪滿信徒等著鑽轎下由媽祖神尊替民眾消災解厄，如圖3-10.1所示。

▌圖3-10.1

一路上因為有吉安媽祖的遊行花車擔任前導車開道，沿途經過繁榮的花蓮市，隨時可以感受到民眾的眼光注視及看到眾人雙手合十膜拜的景象，也許民眾雖不知是何方神尊出巡，卻也表露出對無形精神力量的尊敬。幾日奔馳在台九線上，風景雖好卻也顯得孤單，反觀人多的市區雖吵雜卻也熱鬧，然而花蓮的地理環境與台灣其他地區相比是比較特殊的，除了有峽谷地形以外，還有著海岸及沖積扇平原，更因黑潮帶來的養分造就了漁獲的豐富。回到跑步本身，這段路程，因為吉安路跑隊的輪替揹駕，著實讓行程加速了不少。

正當揹駕媽祖一行人抵達蘇花公路的太魯閣大橋上時，原先只是橋上欣賞明媚風景，不知為何揹駕的神尊突然沈重了起來，起先認為是揹駕跑者太累，於是換手，沒想到幾位跑者狀況依舊，因此一行人決定在橋上稍作休息後再繼續前進。在短暫補給的同時，跑者們向媽祖膜拜稟告此地為太魯閣出海口，前方是太魯閣中橫公路、後方是出海口，過了這座橋，我們即將進入蘇花公路起點。年長者驚覺或許是因為中橫公路關係，導致媽祖靈動，當年由於高山峽谷地形，開闢中橫公路的過程喪失了許多寶貴的性命，這些早年撤退來台孤苦無依的榮民，在建設過程中犧牲寶貴生命，媽祖或許感受到這些孤苦無依的靈體，因此透過揹駕加沉來表達其欲安撫和超度先靈。歇

息片刻後，再次起身即過程順利，揹駕便持續前進，如圖3-10.2所示，此時高空雲層漸厚，低層雲霧開始繚遶在山巒，為蘇花公路蒙上了一層面紗。

圖3-10.2

北起蘇澳、南終花蓮的蘇花公路不僅舉世聞名，也是串連北部與東部的重要公路，在蘇花改完成之前駕駛人都必須通過蘇花公路才能抵達花蓮，其公路最特別之處莫過於依山傍海特色，沿線全貼鑿在綿延不絕的山壁上，揹駕媽祖經過崇德隧道出來後，入眼景象即是清水斷崖，眾人一致讚嘆這鬼斧神工的太平洋美景，而此地雖被譽為最令人讚嘆的公路，其實也有其致命性，每逢天候不佳或下大雨便會有落石、坍方的危險，也因此而衍生出了改以興建蘇花高速公路做為可靠、安全的聯外道路的計畫，不過後來因諸多爭議而時喊暫停，目前改以暫時實施「台九線蘇花公路山區路段改善計畫」，簡稱蘇花改。

跑者所要適應的，除了蜿蜒曲折、起伏不一的蘇花公路山路，還有多變詭譎的天氣，由於行人及大客車無法進入蘇花改而只能一起在一般寬度狹窄的縣道上同行，但駕駛人們也相當禮讓，在經過跑者們身邊時經常放慢車速，並閃大燈以示提醒，進入蘇花公路後首先抵達沿線最著名的景點清水斷崖，這是界於崇德到和仁之間、長約九公里的斷崖，峰頂之清水山海拔2407公尺，北端台九線約168公里處為今日太魯閣國家公園和仁界址碑所在。

過了斷崖便是一連串的上坡，跑者們的考驗也在此時開始，由於沿路都難以停車，所以補給車們只能在車輛較少時或車道稍寬之處短暫停駐並進行補給，大多數路段皆仰賴摩托車機動補給，跑者也必須自行調節補給品用量。通過這段路線，在所有人期待路程結束前，發生一個大插曲，就是媽祖揹駕誤跑入蘇花改的仁水隧道內，偏離原路線而誤入隧道的一群人

及媽祖，儼然成為全台灣第一起行人及神尊穿越隧道的紀錄，也由於這件突發狀況，國道公路警察立即進入隧道內開道擔任前導車，護送媽祖和揹駕跑者一行人出隧道。後來才得知因當地交通考量，才在仁水隧道設立機車道，其他路段隧道都是禁止機慢車行駛，由於標示不清和誤解標示，使人誤以為行人也可進入仁水隧道，這也使大家在抵達和平後的第一件事，就是彌補性地趕緊進行安座團拜儀式，如圖3-10.3、3-10.4所示，以感謝媽祖讓我們安全地通過仁水隧道。

| 圖3-10.3

| 圖3-10.4

第11日，花蓮和平－宜蘭蘇澳53公里，蘇澳南天宮

　　舉世聞名的蘇花公路由南往北可分為兩段敘述：第一段起點新城太魯閣端，終點和平鄉，第二段起點和平鄉，終點蘇澳（南方澳）。蘇花改工程從蘇澳開始到新城太魯閣端基本上分為三段構造：第一段蘇澳到東澳（9.7公里），抵達東澳後還要再走一段山路10公里才會抵達南澳（台九跟台九丁共同路線），第二段南澳端到和平端（20公里），第三段和平（和中）端到大清水（9.1公里）。

　　蘇花改完成後，指的就是現在的台九線，而舊蘇花公路則稱為台九丁，目前蘇花公路僅蘇澳到東澳段開放砂石車行走，其他路段砂石車仍需行駛舊蘇花公路。昨日一行人使媽祖誤闖蘇花改隧道就是在第三段大清水到和平端（和中），原委是因為此路段有開放摩托車和腳踏車行駛，因此才會誤認行人也可經過，所幸在國道警察護送下，我們方能平安走出這3公里隧道，鹿耳門聖母廟媽祖也成為史上第一位行經蘇花改隧道的媽祖。

　　一夜和平，這寧靜的部落，前後不過350公尺，僅有兩間便利商店，由於外環道的關係，車輛不會行駛經過村莊，悠哉俯趴地上的狗兒，孩子們遊玩的喧鬧聲，便成為當地的日常寫照，對映著眼前的水泥工廠，真是強烈的對比。一早完成接駕後，離開和平橋的彼端便是本日蘇花公路的起點，這一日將在舊蘇花公路的伴隨下經過漢本、武塔、南澳、東澳，最後抵達蘇澳（南方澳）。

　　水泥車經過的塵土飛揚和水泥廠造成的廢煙，一陣一陣地籠罩了東海岸的天空，和平地區的民眾早已習慣在平時就戴上口罩。因為亞洲水泥廠的開發，如圖3-11.1、3-11.2所示，與高度敏感的開發議題。人與大自然爭地，以及爭奪角力下絕種生物的悲歌，這是世界各地的人們都必須共同面對的人類共業，也為蘇花公路這中段留下一片永遠不完整的拼圖。經過水泥廠之後便抵達漢本車站，這裏也是蘇花公路的中間點之一，「漢本」之名一般說法是源自日治時代，由於此地原為蘇花臨海道路（今蘇花公路）里程正好一半之處，故命名為「半分」，到了北迴線興建計畫時，便

以該發音轉為閩南語，將新設的車站命名為
「漢本」。通過漢本之後則來到名為「武
塔」的小村落，當中的特色即是「莎韻之
鐘」，故事發生於1938年台灣日治時期的
台北州蘇澳郡蕃地，一名泰雅族少女沙韻・
哈勇因替日籍教師田北正記搬運行李，不幸
失足溺水，而台灣總督為了褒揚其義行，頒
贈紀念桃形銅鐘，該鐘即稱為莎韻之鐘。

　　過了武塔，來到有一座觀音神像守護
在前的南澳車站，此地就是南澳，短短的一
條路道出南澳重要的地理位置，南端的幾
個原鄉部落的生活採集及交通樞紐皆在這南
澳小鎮上，熱情的冰店老闆娘招待滑順可口
的冰品後也贊助許多冰塊，解決了我們的冰
荒。回想和平到南澳的舊蘇花公路，除了砂
石車這巨大的怪獸無情地在山林裡穿梭外，
就只有此情此景最撫慰人心。一段蘇花改截
彎取直而為在地人民帶來便利，南澳端到和
平端這20公里，也只有我們跑過舊蘇花公
路的人才知道，若沒有蘇花改，我們就得在
舊蘇花公路上跑30至40公里。

圖3-11.1

圖3-11.2

　　東澳端開始，砂石車可以開進一段蘇花改，因此在蘇花公路最後這
16公里到蘇澳（南方澳）的路上便沒有砂石車了，東澳到蘇澳的這一段
路是我們本日最偷閒的時光，不需要擔心巨大怪獸的迫害。上坡後經過了
烏岩角觀景台，此時天氣正逐漸轉變成陰涼，跑起來格外舒適，或許也是
因為即將結束今天的旅程，跑在下坡路段的我們感到非常愉悅，此時映入
眼簾的是蘭陽平原的一小角，但在跑者眼中是塊充滿生機的富饒之地，面
對這連日來的不方便及不熟悉感，終於可以在一個城市裡獲得需要的資源

以及補給，無疑讓人感到放鬆，也因此不知不覺地跑到了終點，最後迎接我們的正是由宜蘭地方父母官陳姿妙縣長所帶領的迎神慶典及廟方的接駕儀式，如圖3-11.3、3-11.4所示，縣長後來更親自揹上媽祖繞了南方澳一圈，以祈求疫情不要對台灣造成太大影響，晚上便由廟方人員設宴慰勞跑者及沿途協助跑者的民眾。

圖3-11.3

圖3-11.4

第12日，宜蘭蘇澳－宜蘭大里52公里，大里慶雲宮

一早完成接駕後，揹駕媽祖一行人即將用一日的時間，如圖3-12.1所示，從宜蘭尾（蘇澳）跑到宜蘭頭（大里），馳騁在外澳海灘上的風帆激起一陣一陣的浪花，與在蘭陽平原上奔馳的跑者揚起一陣一陣的風沙形成了對比，或許兩者皆有一

圖3-12.1

致的終點？那就是頭城海灘，海岸線上的景色動人，海面上並不只是漁船的天下，成群遊客同樣在那兒進行著水上活動，這是一場充滿著青春洋溢氣息的水上芭蕾。而路面上逗趣新奇的景觀也不少，也就是每戶民宅的二樓門窗幾乎都會裝上鐵捲門，顛覆大眾鐵捲門只裝在一樓的認知，然而宜蘭人這麼做並不是要防賊，而是要防範這顆星球上最大毀滅力之一的自然力量－颱風，依照歷史經驗可歸納出東北角及東半部常是颱風登陸時首當其衝之地點，強大的風力容易損壞一般玻璃，為了解決此問題便在門窗前加裝鐵捲門或百葉窗，在天氣好時收起，但當遇到惡劣天候時便可拉下來變成最佳防護罩。

途中經過五結鄉及壯圍鄉，如圖3-12.2所示。五結鄉地處蘭陽溪的出海口，地質上屬黑沙質系，也因此土壤深厚、沃度極佳而適合農作，但此處最知名卻不是農作，而是觀光產業，比如最著名的國立傳統藝術中心、二結王公廟、四結福德廟土地公金身等，其中二結王公廟社造活動頗具特色，因為「二結王公廟的移廟」這項活動，因而喚起當地人民的自覺，開始關心鄉土之事，並主動扮演起規劃師的角色，為他們的鄉土重新規劃方向。再來則是壯圍鄉，由於臨近宜蘭市、礁溪鄉的稻米生產區，所生產的蓬萊稻米香Q質優，因此被譽為全台重要穀倉之一，而海岸地區新闢的養

▌圖3-12.2

▌圖3-12.3

殖區，近年來魚蝦及九孔的養殖在技術上都已獲得突破性進展，也被視為新興海產供應地。

　　來到蘇澳地區，連結台北和宜蘭的蘇澳端高架道路開始出現在城鎮天際線，絡繹不覺的車開始往公路聚集，眼前雪山的另一頭便是首都圈台北，雪山隧道的開通不僅帶來了便利也為宜蘭帶來更多商機，最有感受的莫過於礁溪與頭城，富有溫泉的礁溪一直都是各地遊客必遊之地，也因此在現在更發展為溫泉渡假小鎮，難以估數的溫泉飯店在此林立，這必然影響了環境及當地人民之生活。在稍往北邊移動至國五交流道下的頭城，它位於蘭陽平原的最北端，是從台北進入宜蘭的重要關口，每年的頭城搶孤無不吸引全台灣目光，這是一年一度農曆鬼門關時的盛事，且是全台灣規模最大也最特別的民俗活動，早期宜蘭先祖吳沙開墾蘭陽平原，由於頭城是當時開墾的第一城，因天災、戰爭或是疾病的死傷者相當多，為了普渡在開墾過程中犧牲的兄弟而舉辦搶孤活動，讓他們的魂魄有所依歸。然而此地除了以世界著名的頭城搶孤活動之外，還有許多著名的旅遊景點值得一訪究竟，如烏石港、草嶺古道、頭城老街、及今日終點大里天宮廟，如圖3-12.3所示。

　　大里天公廟（慶雲宮）為全台灣最古老的天公廟之一，更是台灣玉皇大帝的總廟，創建於清嘉慶二年（1797）迄今已歷二百多餘年的慶雲宮，由漳浦人吳明德捧著神像渡台，聞吳沙等在宜蘭而來歸附，卜居草嶺

並結草盧以奉安神像而祀之，由於相當靈驗、香火日盛，道光十六年眾人建廟於草嶺腳稱為「天公廟」，於光緒三十年（1904），以現址遷建廟宇，改建後才正式取名為「慶雲宮」，經多次擴建整修才有今天華麗的面貌，成為全台最大天公廟之一。而後方便是草嶺古道，根據記載，一位台灣原住民平埔族闢建了台北到宜蘭間的山路，後來的人也都循著這條路線，出入往來兩地，這就是最早記錄於文獻上的淡蘭古道，後來草嶺之名得於自山嶺芒草生長茂盛，由於高度高也因此幾乎不存在其餘樹種。而在天公廟對面便是福隆方向之列車，看著滿滿要回家的遊客，心裡不免開始思念著家鄉及家人，伴隨著看似遠方平靜的海面，但內心其實宛如海洋底下的洋流般，心情漸漸開始波濤洶湧。

第13日，宜蘭大里－基隆八斗子50公里，八斗子度天宮

陽光從龜山島彼方升起，晨光照射下舞台布幕再度升起，如圖3-13.1所示，因為從宜蘭開始的交通格外方便，於是便聚集了一堆跑者前來參與環台活動。天公廟往上推進約十公里便是眾人皆知的三貂角，這裡起先有記載是於西元1626年，西班牙船艦由菲律賓開抵台灣東北角海域，因地名不詳，

圖3-13.1

為便於記載航海日誌，便以拉丁文命此地為San Diego（聖地牙哥），而這裡也是全台灣最早看到日出的地方，故三貂角燈塔有「台灣的眼睛」之稱。繼續沿著台二線走，濱海公路的特色風光吸引著眾人的注意，有山、有海、更有著風浪吹蝕造就而成的特殊海岸地形，眾人擇一空曠處於途中稍作休息。海風的氣味帶點潮濕及悶熱，與港邊剛從大海上岸的潛水客和衝浪客的一身清涼形成強烈對比。繼續跟著海鷗走，捎駕媽祖跑者一行人來到福隆，平日的福隆海灘展現了沒有人潮擁擠的原始美，無人排隊的福隆便當更透露出小鎮的慢活和愜意，貢寮海水浴場少數孩子的嘻笑聲也為這平日的沉靜點綴了些色彩。

抵達基隆八斗子之前，我們來到東北角的金山、萬里、和九份，這些地方都是目前北部熱鬧的觀光景點，每逢假期人潮總是絡繹不絕。金山舊名金包里，最著名的就是金包里老街，在這條街的西段有一座開漳聖王廟，此足以證明金山鄉人的先祖主要來自於福建漳州。萬里盛產肥美的秋季萬里蟹及溫泉，一併吸引著全台各地的民眾到此大快朵頤和享受休閒生活。而談到曾經因為悲情城市電影而重新興起的山間小鎮，不難理解早期因金礦而興盛，九份地區當然曾經繁榮一時，為北部當時最繁華的地帶之一，然而隨著礦坑資源被挖掘殆盡後，九份也一度沒落；但九份是個有生

命力的小鎮，她又找到一條屬於自己的道路，今日九份吸引的觀光旅人，竟然都是國際遊客了。當揹駕跑者行經台二線看見陰陽海之時，即將可以看見佇立在山嵐間的九份。此時，揹駕跑者正在討論著旁邊的那一位可以接訂外送嗎？因為有一位熊貓外送員來回穿梭跟在我們身邊許久，後來這位年輕人路邊停車，拿出許多冰飲，希望可以為我們補給，也讓我們知道他是媽祖

▍圖3-13.2

的信徒，曾經參加過白沙屯媽祖徒步遶境，連摩托車上的外送袋都印有媽祖的圖像，因此希望能揹駕媽祖一段，如圖3-13.2所示。

　　早期台灣民間諺語「新竹風、基隆雨」，常下雨的基隆佔有獨特的地理環境而富有優勢，但唯一也是最大的缺點，那就是基隆缺乏腹地，但基隆沒有因此而被受限，憑藉著政府與民間近幾年的大力推廣及爭取發展，昔日的東北角之珠開始再次閃耀起光芒。本日的路線是正所謂海岸線吃到飽，果真不是沒有道理，台灣四面環海，因此即將抵達基隆八斗子之際，也代表本日旅程已經過了三分之二，秋老虎的威力加上海岸地形的折射，揹駕跑者有時真覺得重責大任無一刻不壓在身上，一直在苦其心志、勞其筋骨地練心和練身體。突然想起火車，每當看見火車就會想起國內旅行、想起八斗子就在基隆境內、也想起基隆最有名的豪華郵輪，這令我們這群跑者幻想起是否可以登上郵輪、到國外度個假。夜晚燈火通明的海上城市，港邊風華熱鬧映照出廟口的觀光人潮，美味小吃又如此豐富，所以便將今晚的基隆廟口當成支撐下去的另類目標。

　　傍晚，八斗子度天公準備好陣勢，熱絡的信徒開始聚集在海科館前迎接，豐盛佳餚等著款待辛勞跑者，在這當中最熱鬧的莫過於接駕儀式，如圖3-13.3、3-13.4所示。每每熱情的歡迎都讓人覺得備受寵遇，而這次也

不例外，在新蓋好的海科館前有著陣頭表演，就像是現代感撞擊著傳統文化，或許能撞擊出世代融合的火花，嘗試在鴻溝中搭起橋樑。

| 圖3-13.3

| 圖3-13.4

第14日，基隆八斗子－新北市三芝區51公里，福成宮

　　次日一早，度天宮充滿了吵雜聲，廣場上滿滿的跑者可以組成三支環台路跑隊，媽祖環台的名氣在此刻已經響徹整個跑壇，各方好手、朝聖者以及無數信徒紛紛與主辦單位聯繫，希望能共襄盛舉，一睹媽祖風采，在經過基隆市區時更看見許多以捕魚維生或是經營海產店的商家設置香案，歡迎「鹿耳門媽」的到來，如圖3-14.3所示。而在今日更由市議員宋瑋莉、鄭愷玲前來恭迎媽祖聖駕，其中市議員鄭愷玲同時也是今年鄭氏宗親會擲出10個聖筊的爐主，這次環台的媽祖金身即為鄭成功供請的媽祖，鄭議員受邀揹媽祖鑾轎更覺得這是「奇蹟式緣分」，於是議員便在鹿耳門聖母廟路跑隊陪同下揹著媽祖遶境基隆市區，祈求媽姐慈悲濟世保佑國泰民安、民生樂利，早日戰勝全球肺炎疫情以恢復社會秩序。

　　接下來的路程便回歸由跑者繼續揹駕，一路艷陽高照的好天氣揮別了前幾日陰鬱不定的日子，這代表今日跑者在海岸線上要面臨酷熱的考驗。路上每隔幾公里處便有公車等候站可供短暫休息，如圖3-14.1所示，這是種短暫救贖，雖然每位跑者都陸續出現雙腿疲憊症狀，但在面對遶境環台完成度已趨近於六成的狀況下，放棄決不是個選項，大家都想要堅持到完賽。

▎圖3-14.3

▎圖3-14.1

　　此刻進入石門，最北端燈塔富貴角燈塔在即，因此揹駕跑者一行人便恭迎媽祖上燈塔，如圖3-14.2所示。富有特色的石蓮花飲品及當地特色肉粽香氣撲鼻，讓在賽程中不太進食的跑者感受到飢餓、紛紛坐下來大啖當地美味，然而為何石門的肉粽會這麼有名呢？這是因為在百年前石門區民眾用粽子祭拜十八王公，之後由於靈蹟顯赫，各方信徒絡繹不絕、香火鼎盛，石門肉粽便隨之有名。十八王公廟的源起相傳在清代中葉，有十七位唐山商人乘船渡海來台，在途中不幸罹難，船上忠犬也以身殉主，村人發現後乃將其與十七主人合建一塚，便成為流傳至今的故事。十八王公廟是從淡水前往東北角的必經地點之一，同時也有多條新闢道路從此處切入陽明山群裡而連接至台北市，所以今天可以看到很多因收假返家的車潮！

　　雖然無法前去享受火山溫泉，但至少可以飽覽群山之舞，享受與大自然共存之美，在抵達三芝福成宮完成安座儀式後，如圖3-14.4所示，隔日即將抵達西部平原，也就進入了繁華的西半部，心理上莫名放鬆，一種終於離家又更近的感覺，之前跑在東半部那種遙遙無期的感覺，就連只有一山之隔的故鄉都讓人覺得遙遠，但是如今終於挺進到這一刻，之前的辛苦總算是沒有白費，除了可以開始好好養傷以外，也能漸漸期待回到出發點的興奮時刻。

圖3-14.2

圖3-14.4

第15日，新北市三芝區－桃園市觀音區63公里，觀音保障宮

　　一早又是晴朗的好天氣，在身後的三芝群山依傍著而燃起了濃霧，不過空氣聞起來是清涼的，不像前幾日那樣悶熱，媽祖一行人依舊跟隨著往常的步調持續穩定前進，在今日也來了一位盲人跑者參與，在陪跑者的帶領下雖然腳步稍慢，但媽祖團員們還是貼心地放慢速度陪著他們跑步，同時今天將會踏入熱鬧的北都心-淡水。一早進入市區後就發現四周都是趕著上班上課的人潮，媽祖也被環繞在人群中，不少人都在經過時投以關注的目光，覺得新奇外或許也覺得有點納悶，究竟這媽祖神尊跟跑者是從何時開始出現？從何處前來？而來到了淡水，不免被新建完成的淡海輕軌吸引，雖然無法親自搭乘，可是看著她從面前悠悠晃過也是一種不同的體驗。到了渡河口，因為里程數已經足夠且還多了一些，因此眾人決定要搭船橫渡淡水河，如此也讓聖母廟媽祖成為全台灣第一個環台搭渡輪橫越淡水河的媽祖。

　　穿越淡水河途中望向平靜的河面，如圖3-15.1、3-15.2所示，忽然想起了一首詩，詩名叫做「別淡水」，淡愁的霧似漁翁撒下的網，罩在勻睡的淡水。觀音山有著過多的憂鬱，這次從環台途中直至今日，心中感慨、想法千頭萬緒，此時雖能稍微平靜下來，不過內心醞釀的感動之情也漸漸高漲，看著其他跑者表情若有所思的樣子，或許也有著類似感受。渡輪不久便抵達八里，這是一個坐擁觀音山麓，面臨淡水河畔，有著八里左岸、十三行博物館、廖添丁廟的休閒之地，近幾年來左岸與渡船頭成為台北民眾休閒假日最喜歡的景點，除了可以從關渡大橋悠遊自行車道，渡船頭吃小吃觀看夕陽日落、坐渡輪賞夜景等，更可以上觀音山看日出，眺望整個淡水美景。此刻，台北地區的跑者及地

▌圖3-15.1

▌圖3-15.2

方民眾，因臉書關係得知媽祖本日即將搭渡輪至八里，因此在此恭候大駕，除備妥許多補給品迎接，更祈求媽祖消災解厄，如圖3-15.3、3-15.4所示。

　　進入桃園後，一行人先經過桃園國際機場，受到疫情影響可以感受到航班大減，原本起降不停的班機如今寥寥可數，而這裡也因為離海邊較近，風沙吹得強烈，地上揚起的塵土一波接著一波打在跑者及路人身上，大家無不矇起了面罩保護自己的呼吸道，可不能在腳受傷後、連肺也一起遭殃。快到終點時已進入觀音市區，由桃園前縣長吳志揚接

圖3-15.3

圖3-15.4

駕入廟，有趣的是今天駐駕的廟宇與公寓大樓並排，因為土地限制，所以這間廟的設計宛如旁邊的住宅大樓般特別，儀式結束後跑者便紛紛前去用餐，雖然一樣疲憊但或許是因為剩下沒幾天旅程的關係，所以大家也越來越珍惜相聚的時刻，直至深夜才各自依依不捨地回房休息。

第16日，桃園市觀音區－苗栗縣竹南鎮50公里，竹南大埔合興宮

　　西部幹線路跑的第二天在草漯，「草漯沙丘」海岸被評選為「全台九大值得守護的海岸線」之一，是北台灣稀有且尚未受到人為破壞的海岸線，此段全程皆為海岸線而且平順好跑，61線快速道路跟台15線是今天主要會經過的兩條路線。今日從早晨開始太陽就火力十足地照耀大地，考驗著跑者的耐力，然而突如其來的一場短暫大雨讓大家趕緊替媽祖遮雨，跑者汗水和雨水互相交錯，冒著雨繼續前進，但隨之補上的是剛剛的艷陽。之後，潮濕的地面助長了不適感，陣陣悶熱濕氣，不止讓人水分流失得更快，也使人心情變得更加煩躁。跑到一半，突然出現了一些信徒前來關心，關心大家是否有需要幫忙的地方，道謝後我們繼續向前，但又出現其他信徒，原來他們也是從粉絲團上看到媽祖今日路線才前來，如圖3-16.1、3-16.2所示，起初因為他們開車許久都未見捎駕隊伍，還以為自己開

▌圖3-16.1

▌圖3-16.2

錯了，後來看到了我們後極其喜悅，趕緊上前來參拜，聽他們跟媽祖請託的事情後，才發現原來還是有很多人和我們一樣、大家都在承受某種苦難，很多時候我們只是比較幸運沒遇到這些問題。

　　進入新竹後風開始變得強大，不愧被喻為風城，除了有名的米粉及貢丸，近年來漸漸以文化觀光出名，如姜阿新洋樓、蕭如松藝術園區等，同時這裡也是台灣的科技重鎮園區，而比起從三芝到淡水、觀音外，這一段觀音到竹南或許才是比較有發展之處。除了海線平坦外，新竹還有著繁榮的漁港，例如南寮漁港就是一個相當熱鬧的地方，離新竹市很近、交通也發達，也因為宣傳良好而變成觀光漁港。這裡是我們今日第一個休息點，

到達後大家無不趕緊坐下來大啖午飯，雖然也是與平常一樣的家常菜，只是今日不知為何大家胃口都特別好，連廟方提供的補給品都食個精光，休憩完之後便繼續前行，路上也聽到了很多人的加油與鼓勵。

　　沿岸出現風力發電機，我們又再度與海線重逢，此時不斷在天空中飛翔的海鳥們不斷地從我們身邊悠悠晃過，似乎也是像在陪跑般與我們共飛了一段路，途中媽祖聖駕在台15線新竹香山路段時，一對情侶巧遇媽祖路跑隊，停車攔轎就為了這難得的偶遇，與鹿耳門三媽聖駕磕頭三拜祈福，而在抵達終點前，由鄭正鈐立委參與活動，並前往竹南合興宮駐駕團拜。因為今天里程數略少，行程可較早結束，得已讓跑者可以有更多時間休息跟整理，一些人也趁著這得來不易的空擋在住處頂樓吹風，愜意休息聊天，討論著接下來的路線、以及這些日子所發生的趣聞。

第17日，苗栗縣竹南鎮－台中市大甲區59公里，日南慈德宮

　　北風瀟瀟，似乎已開始漸漸步入秋季，原本翠綠的嫩葉也開始泛黃，早晨的陽光也不再那麼強烈，於是我們一路順風往南前行，路上又漸漸變成熟悉的海岸線，巨大的風力發電機宛如節拍器般的以規律速度轉動，與跑者配速相同，以四分之一為一步的韻律有節奏遠完一圈，貌似小孩子學琴般，一步一腳印踏實地努力著，而也因為竹南被規劃為海上風力發電廠，所以越來越多離岸風機出現，這使得竹南龍鳳漁港外海成為台灣首座正式營運的離岸風力發電場。有很多人誤以為竹南是新竹的一部分，但其實不然，竹南鎮隸屬於苗栗縣，位處苗栗縣北端，同時也因為位於三海線交會點，使得竹南的城市風氣，和苗栗市、三義的熱鬧情形有著顯著的不同。

　　從竹南到通霄白沙屯這一段是靠山的路線，也是這西部幹線中剩下的唯一一段山路，當然面臨山路挑戰時，內心的感受良多，這也讓我們再度掉進自省的漩渦裡。之後到了山下，映入眼簾的是一大片海洋，有別於在東部時看到的湛藍外海，西部的海洋伴隨著空氣霧霾，竟是灰矇矇的一片抑鬱的灰。我們即將經過白沙屯車站，這個小小的車站可說是因為白沙屯媽祖的名氣而變得知名，白沙屯媽祖的進香是全台目前最古早、保留傳統的進香活動，同時白沙屯媽祖也是最有個性的媽祖，過往百年的進香從來沒有事先公布過路線，都是由媽祖自己決定，也因此如果能在出巡時偶遇白沙屯媽祖，那就是非常有緣分。因此跑團決議臨時轉入苗栗通霄，短暫讓鹿耳門媽與白沙屯媽會香，如圖3-17.1所示。隨後我們經過苑里及日南，苑里鎮劉秋東鎮長特別在這裡增設補給站來慰勞跑者，同時等待恭候媽祖，如圖3-17.2所示，在與媽祖路跑

▍圖3-17.1

▍圖3-17.2

隊短暫休憩後，便由鎮長親揹媽祖跑一段路，為之後的路程開路。

即將抵達今日的終點日南，此地已隸屬台中市大甲區，大安溪由東向西穿越大甲區，將大甲分為日南所在的溪北區域和大甲媽所在的溪南區域。一行人揹著鹿耳門媽祖橫越了半個台灣，這一日先是與白沙屯媽祖相會，隔日接著再與大甲媽相見，可說是二日三媽的特別拜見之旅。日南雖然由東至西有三號高速公路、省道台一線、和台61線貫穿地界，但這溪北之地的繁榮機會、似乎還是被以溪南為主的行政中心給吸納過去了！

媽祖今晚駐蹕在日南慈德宮，但在儀式開始前卻少了一位全程組跑者，原來這名跑者從基隆過後，便因為腿傷日趨嚴重，現在只能以每小時五公里的速度慢慢移動挺進，因此當他到達時天色已晚，途中還遭遇到下班返家車潮，路上十分危險，但在這時卻突然來了兩隻黑狗與這名跑者同行，與其說是陪跑員，這兩隻黑狗兄更像是領航員及護衛者，人與狗就這麼一路走到大甲。某段路上，正當跑者回頭探望這兩隻黑犬的陪伴時，牠們又默默地不見蹤影，究竟這兩隻黑狗是因為親人性而單純陪伴呢？亦或是這是媽祖擔憂這名跑者的安危，而派出兩位犬神前來守護？想必這個問題只有牠們才知曉了！至於這位全程組腿傷跑者為何？作者林業展是也。

圖3-17.3

第18日，台中市大甲區－彰化縣花壇鄉55公里，花壇鄉楓灣宮

　　一早清晨，昨日原本熱鬧的夜市搖身一變，成為了車水馬龍的傳統市場，可見不管是以前還是現在，大家的生活重心依然是在廟宇周圍發展，而在媽祖離開大甲前，由大甲鎮長前來率領地方官員送駕，在熱烈歡送下開啟了繼續航行的一天。從大甲出發後來到了台中港，這天感覺這整座港口是一片死寂，一點都不像出口第二大貨運港的感覺，經了解才得知也是受到疫情影響，許多國家航運都停擺，因此台中港才這般寂靜。一路上高溫伺候，揹駕媽祖一行人經龍井來到台中市中心，本日台中市議會因得知「鹿耳門媽」出巡環台即將經過台中和彰化，特地前往龍井接駕，恭迎媽祖前往台中市議會駐駕歇息，這也讓揹駕一行人在台中引起不小的騷動，許多民眾紛紛雙手合十沿途膜拜。抵達市議會之時，已有不少信徒在此等候，除排隊下跪祈求媽祖消災解厄外，路旁還有一位媽媽雙手合十默念、不知向媽祖作何祈禱？如圖3-18.1所示。

圖3-18.1

圖3-18.2

80

彰化頗受盛名的南瑤宮媽祖，建於18世紀清朝乾隆年間，位於彰化縣城南門外，香火鼎盛，有彰化媽蔭外方之名，現今則為中台灣的重點古廟。然而雖然名為彰化市，同時也是火車大站，但卻沒想像中熱鬧，這或許也是因距離與台中過近，而發展契機和人口被吸走的案例之一。但接下來的花壇就有些不同了，這裡因茉莉花聞名，因而有了「茉莉花之都」的美名，所以時常見到不少觀光客，讓小小的城鎮因觀光而充滿了人聲喧囂。

▎圖3-18.3

▎圖3-18.4

終於抵達花壇聖惠宮。起初協調住宿聖惠宮，媽祖駐鑾楓灣宮，因而將此設為終點。然而因聖惠宮香客大樓年久失修，招待跑者住宿深恐有失待客之道，因而廟方人員協助我們另尋住處。在盛惠宮暫時安排媽祖駐駕、進行團拜後，如圖3-18.3所示，則依原計畫駐鑾楓灣宮，且是由彰化縣府方派代表捎駕護送媽祖至楓灣宮，抵達楓灣宮並進行安座及團拜後，如圖3-18.4所示，本日畫下圓滿句點，離媽祖回鑾的日子只剩下三天，旅程已經開始倒數計時。

第19日，彰化縣花壇鄉－雲林縣崙背鄉50公里，崙背鄉奉天宮

　　清晨的鳥啼聲幫忙我們倒數著即將結束的旅程，在淡雅又潔白的茉莉花香伴隨下，環台跑者展開本日旅程、前進雲林崙背。這一日依舊艷陽高掛，而路上的跑者看起來似乎進入了一種心如止水的狀態，或許是因為進入倒數三天，內心的壓力減輕大半，面容上多了份怡然自得。清晨的鄉下運動的老人家，見著媽祖神尊驚訝的表情，雖不知神尊來者何神，只見著一位接著一位雙手合十祈拜，可見民間對傳統信仰的虔誠程度頗高。不知不覺過了員林，只依稀記得員林熱鬧程度不輸大甲，路上多為銀行及文化相關之特色建築，不愧是南彰化經濟及文化中心。

　　今日在彰化縣大村鄉的田尾國小，剛好是媽祖環台祈福活動的第1000公里，如圖3-19.1所示，大夥抵達田尾國小後，此刻，跑者林業展姍姍來遲，拖著受傷的步伐步履闌珊的抵達田尾國小，因為第13日時在基隆發生

圖3-19.1

左膝副側韌帶受傷，醫生建議棄賽修養，由於環台只剩八天，業展堅持走也要走回去。因此，在醫生的幫助下打了止痛針，一步一步地往台南終點邁進。大夥到齊後，特地幫媽祖準備蛋糕慶祝，全程跑者和志工同慶，也為第一屆媽祖環台留下難得的歷史照。大家合影後相繼向媽祖下跪、感謝媽祖庇佑、讓跑者們完成這1000公里的路程。業展因隔代教養，民國96年這一年阿嬤仙逝，沒見著最後一面，心裡充滿無限思念。因此除了祈求平安完賽外，亦感念媽祖神恩浩蕩，祈求媽祖慈悲為懷，幫我跟阿嬤說我很想念他，也希望媽祖可以接受我這1000公里的迴向，幫助阿嬤可以早登極樂，如圖3-19.2所示。最後，便繼續向前追逐那與終點同方向的落日。

　　橋上日當午、汗滴柏油路，此時正在度過西螺大橋的跑者正被豔陽高度關注著，陽光就像鎂光燈，等渡過這段紅毯，前方就是可以歇息的綠洲。大夥在一旁涼亭補充能量，順便散去體內熱氣，更躲避秋老虎的發威，趁著白雲擋住老虎的視線時，一群人便趕緊趁著空擋偷偷啟程。路過西螺太平福興宮後便輾轉往崙背方向前進，當地民眾得知「鹿耳門媽」本日要在崙背奉天宮駐駕，前幾日便先行協調蔡總教練，希望媽祖可以至村裏暫時歇息駐駕，讓信眾得以設香案膜拜，如圖3-19.3所示。此一行程離本日終點僅剩2-3公里便將結束，總教練考量對後續路程並不會造成影響，因此，領著一行人前往村內休憩片刻。行路至此，看見村民熱絡地從村莊門口沿路迎接媽祖的到來，豐盛佳餚更是早早就已經備妥。奉天宮廟方除邀集當地民眾一同膜拜媽祖外，更安排跑者與信眾共同享用餐點。此刻，業展心裏泛起陣陣

▌圖3-19.2

▌圖3-19.3

漣漪，淚水不理性地奪眶而出，是因為豐盛佳餚、還是因為這一群老人家對媽祖的虔誠而感動呢？在填飽五臟廟後，大夥一路慵懶地走出村莊，而村內的老人家也一路用各種方式跟著媽祖的步伐，與我們一同前往本日終點。

　　就在不遠處，看見廟方的前導車及敲鑼打鼓的迎接部隊早已恭候多時，並以鞭炮和陣頭熱烈地迎接我們，再以電音團奏起隆重的迎賓曲。但由於雲林縣地方父母官張麗善縣長因公不克前來，特請副縣長謝淑亞率領縣府官員前來接駕及掮駕媽祖，很快地便進行安座儀式並完成團拜。本日被悄悄畫下句點，雲林─農作之鄉，早年人們常以日出而作、日落而息來形容農家人，對於很多人而言這僅是一日的結束，但對於我們一行人而言，這漫長的19日，再過一日、再努力跑到嘉義水上鄉、我們就要回家了，此刻大夥在電話這頭皆是在討論著兩日的結束後要做些什麼，離家數十日，想必心裡應該產生許多想法。

▌圖3-19.4

第20日，雲林縣崙背鄉－嘉義縣水上鄉49公里，水上璿宿上天宮

清晨，在崙背奉天宮的大聲廣播下，劃開了夢中的寧靜，由於奉天宮的地理位置特殊，彷彿恰巧落在地方正中央，除了帶來繁榮的廟口文化外，此一廣播聲遠在百尺外依然清楚。不知過了多久，周遭湧入許多老人家沿路雙手合十，就這樣，環台跑者一行人在熱烈歡送下，朝向下一個目的地邁進，迎向

▌圖3-20.1

環台的最後尾聲，虎尾鎮。虎尾雖然不大，但是在虎尾科大的加持下依舊有著相當程度的繁榮。如圖3-20.1所示，雲林縣長張麗善、虎尾鎮鎮長丁學忠率領著縣府及地方團隊揹駕媽祖、在虎尾鎮遶境，祈求雲林縣及虎尾鎮國泰民安、風調雨順，大陣仗之熱鬧吸引了許多民眾沿路觀看、膜拜。而媽祖也順道向虎尾鎮歷史最悠久的廟宇之一虎尾德興宮的池府千歲問好，根據民間傳說，池府千歲自得活龍穴地大崙腳福地後，大顯神威、護國佑民，即名聞遐邇，因此參拜民眾絡繹不絕，香火鼎盛。

這一日，回想起路上遇到的某位信徒，他在載家人前往醫院的途中看到了路跑隊，原想下車參拜，但因爸爸急需看醫生所以便打消念頭，然而在回程路上又剛好再次巧遇媽祖揹駕一行人，特地停車等媽祖鑾轎經過時祈福，並乞求媽祖賜福父親、保佑父親早日恢復健康。

餘輝將天空染成適合秋天的橘紅色。離開了海線，揹駕媽祖一行人進入水上，準備為今日劃下句點，至於為何會選擇在這裡休息呢？第一是因為這裡是北迴歸線劃過之地，是一個具有充分代表性的地方，第二則是明日將從水上行經縱貫線進入台南。明日路線上第一個行經地點為新營，前台南縣政府的所在地，接著由下營進入台南正中心點麻豆，再由麻豆往佳

里方向而進入台17線海線，直至七股便會返回鹿耳門聖母廟，橫向貫穿台南意味著遶境本地平安。傍晚抵達北迴歸線，如圖3-20.2所示。10幾天前在瑞穗思考著，再次見到地標北迴歸線時，也就是這趟旅程將結束之際，大家享受著完成一件大事的喜悅，除了卸下連日來拘謹備戰的一面，亦展露出內心最柔軟且最真實的部分相互交流。

| 圖3-20.2

第21日，嘉義縣水上鄉－台南鹿耳門聖母廟62公里，圓滿返家

一早熱鬧的人潮開啟了序幕，這是最後一日，為配合鹿耳門聖母廟下午4點半在七股國姓橋恭迎聖母回鑾。大夥拖著疲憊的身軀、必須挑戰僅有10個小時的時間完成最後62公里，需以平均每小時6公里的前進速度。媽祖環台開啟了史無前例的遠境模式。因此，有許多跑者、信眾前來相陪，希望能伴隨媽祖聖駕完成最後一哩路。

此刻再出發之際，隊伍內出現了一位高齡88歲的老婦揹駕媽祖，如圖3-21.1。這位老婦人是單日組兄弟跑者林增田、林保吉的母親林陳錦雪女士，這兩位前輩雖然沒有參加全程組，倒也跑了15、16日，基本上2-3日就會出現象陪的兩位勇者，不管是在一出發、台東端、蘇花公路、北海岸、西部幹線皆能見著他們兩位的蹤影，某些路段林家大嫂也駕駛車輛加入補給行列。然而後期得知林氏兄弟老家高雄永安，母親也是當地虔誠的永安媽祖信徒，在知道此次「鹿耳門媽」出巡環台遠境後，夢中受永安媽祖指示，要兩兄弟前往陪跑護駕媽祖。有時媽祖冥冥之中真的自有安排，兩位前輩除了是馬拉松跑者前輩外，此刻更像是媽祖身邊的護神將軍千里眼與順風耳。

▌圖3-21.1

回想出發之際，看著眼前的媽祖神尊，心裡並沒有太多想法，因為完成每日的少少公里數皆是跑者心裡最大的隱憂，跑在無止境的道路上，沒人知道在路途上會有什麼考驗在等著我們。後來從耆老身上得知此尊文館八號媽祖「正三媽」是聖母廟歷史悠久的神尊後，一路上除了雙腳在跑步外，雙手合十膜拜的次數日日在累積，許多時候遇到生理及心理的觸發，不自覺的眼睛餘光都會轉向媽祖神尊，不管任何時間、任何氣候、任何場

合、任何地點，媽祖神尊慈悲為懷的神情永遠安撫著一行人不安的心。在這超馬路跑的過程中，我們除了寄情山水之外，也很感動地發現，原來媽祖一直活在每一個人心中。

「昔我往矣，楊柳依依，今我來思，雨雪霏霏。」《詩經・小雅・采薇》，此詩寫的是春離冬歸，於我們此刻則是夏離秋歸。回想起出發時，時值炎熱夏季，如今在回來途中，已到了落葉紛飛的九秋。這最後一個跑日，伴隨著黎明升起，吹響了啟程的號角，眾人浩浩蕩蕩從水上出發，沿途近兩公里皆可見跑者的身影，各地的跑友、信徒無不前來參與這神聖的一天，烈日依舊但心情早已不同，大家都期盼著這天，一站一站地彼此扶持過，也走過台灣各個角落，這次旅途看似單純，但這21天的過程，實不平凡。

下午四點半的七股國姓橋，兩岸河床上只見野花滿布，溪流中波光粼粼，真是美極了！橋的彼端是盛大的接駕陣仗期盼著聖母回鑾，鹿耳門聖母廟恭迎聖母回鑾接駕隊伍與之前每日駐鑾宮廟不同，駐鑾宮廟的形式是來者是客，而聖母回到自己的主廟，則更像學成歸國。這一日的接駕儀式可以分為兩部分說明：一、鹿耳門聖母廟外3公里的國姓橋接駕

圖3-21.2

隊伍：導車乙台、三太子神偶隊伍6尊、仙女班20人及環台跑者一行人。

二、鹿耳門聖母廟外1公里與台17接點處：護神將軍千里眼與順風耳及三太子、仙女班、環台跑者全程組人員、單日組人員、信眾等，如圖3-21.2所示。

　　此時夕陽照耀著大地，金色的海面為國姓橋映襯，猶如散發著光芒的凱旋大道，歌頌著冒險者這21天的傳奇，以及迎接他們的賦歸，此場盛事超過百人參與，呈現再一次的空前熱鬧，森巴似的嘉年華把台南土城夜空照耀得精彩，人聲喧嘩令人暫時忘卻世界所遭遇的災難，大家都正在為此時歡欣、為此刻鼓舞，在眾人的鼓動下環台跑者一一上台，如圖3-21.2所示。一行人接受著英雄式的讚揚，這些人所經歷的、和所帶來的影響，對後世來說是個奠基未來的歷史傳奇。

　　最後，鹿耳門聖母廟管理委員會全體人員及跑者，一同在正殿恭迎媽祖金身，在舉行一系列回鑾儀式和團拜後，這21日的台灣祈福環台旅程才算正式劃上休止符。日後當各地廟宇再次開始舉辦起任何遶境環台活動時，一定會想起這八位傳奇跑者、想起台南正統鹿耳門聖母廟，這是台灣廟宇文化的全新章節。

圖3-21.3

第四章 | 媽祖駐蹕宮廟

　　2020年台南正統鹿耳門聖母廟媽祖遶境環台21日期間，考量跑者每日身心、體力狀況，每日終點均以全程組跑者住宿位置為結束位置，隔日亦從住宿處為起點。活動之初，由廟方人員和全程組跑者電話聯繫，詢問這20日中媽祖駐駕宮廟有無香客大樓可提供跑者住宿，若無則就近選擇離宮廟較近的民宿為過夜處。經統計僅有6座宮廟有香客大樓可提供住宿，其餘14日均須另外尋找住宿地點。因駐蹕宮廟本身是否有香客大樓與跑者揹駕媽祖的動線影響甚鉅，跑者早上6點起跑後，每日平均45-60公里，動輒數10個小時進行揹駕媽祖，體力耗損甚大。而若無香客大樓之駐蹕宮廟，其地理位置附近未必能尋覓與較近之民宿，如此則需以車輛運送媽祖神尊至駐蹕宮廟。以下具體記述本次活動所遇到之幾種駐蹕形式：

一、有香客大樓之宮廟有6間，跑者揹駕媽祖抵達終點後，即可直接進行安座和休息：枋寮五龍寺、台東市東海龍門天聖宮、瑞穗青蓮寺、蘇澳南天宮、大里慶雲宮、雲林崙背奉天宮。

二、無香客大樓之宮廟有14間，跑者揹駕媽祖抵達終點民宿，依民宿與駐蹕宮廟距離，再決定以徒步或車輛方式運送媽祖至駐蹕宮廟：

1. 抵達終點民宿後，徒步揹駕媽祖神尊至駐蹕宮廟進行安座後返回：恆春天后宮、尚武大陳天后宮、竹南大埔竹篙厝合興宮、池上玉清宮、吉安聖南宮、和平慈福宮、八斗子度天宮、三芝福成宮、觀音保障宮、花壇楓灣宮。

2. 抵達終點民宿後，車輛運送媽祖神尊至駐蹕宮廟進行安座後返回：左營仁壽宮、滿州昭靈宮、日南慈德宮、水上璿宿上天宮。

　　媽祖出巡的這20日所駐蹕的每一間宮廟，以下依照駐蹕日期，逐日介紹各宮廟。

第一日（9月4日）
駐鑾宮廟：楠梓（左營）仁壽宮　　主祀神祇：天上聖母

▍圖4-1　楠梓（左營）仁壽宮（圖片來源：跑者拍攝）

廟宇沿革：「左營仁壽宮」主祀天上聖母，建於民國37年，為紀念早期屬仁壽里轄。仁壽宮位處楠梓區藍田里，該里原地名「下鹽田」，日治時代與高雄縣橋頭鄉頂鹽村（俗稱頂鹽田）合稱「鹽田」，光復後因縣市面積分割整編，下鹽田編屬高雄市，遂取「藍田種玉」之意改名為「藍田里」。仁壽宮，是「下鹽田」居民的信仰寄託。滿清一代，高雄市闢為鹽場之地，除鹽埕、大林蒲外，即是楠梓區的下鹽田。鹽田原為晒鹽場，後由援中港淤塞，無法引海水入鹽池，始填土改鹽場為農田，是迄今為止，高雄市最有農村特色的地區，遍處阡陌縱橫，綠野平疇茅舍簇簇，充滿鄉野風光。

地　　址：高雄市楠梓區大學26街716號

資料來源：乾清宮網站 https://chenching.com.tw/

第二日（9月5日）
駐蹕宮廟：枋寮（水底寮）五龍寺　　　主祀神祇：廣澤尊王

▎圖4-2　枋寮（水底寮）五龍寺（圖片來源：水底寮廣澤府五龍寺Facebook）

廟宇沿革：據庄內耆老所言所記載：一、清末年間，福建泉邑先民入墾本庄，從素所信仰的福建泉州府白馬巷元威殿攜帶吳、池府千歲護身香火來台，當時因居民稀少、財力亦薄，故僅將王爺香火奉安於境內陳府民宅正廳。二、早期農業社會，庄內先民倚耕牛開墾荒地，約為清朝末日治初期時，境內耕牛紛染瘟疫死傷慘重，故先民便向本庄開基神明普庵佛祖請示，佛祖便引薦泉州白馬巷元威殿吳、池府千歲原靈降駕濟世，其中池府千歲精通醫治牛疫，染疫牛隻經池王爺施法醫治後，牛疫遂得解除。自此吳、池府千歲受境內弟子所倚重，後信眾集資各恭塑吳、池府千歲金身呈堂供奉合稱為「吳池千歲」，以陳府宅第為角頭壇宇起濟興堂為名奉為角頭公佛，並由埔口角信眾每年擲笅選任虔誠信眾擔任爐主、首士、頭家等職事組成爐主頭家神明會主責推動祭祀事務。

地　　址：屏東縣枋寮鄉地利村復興路167號

資料來源：水底寮廣澤府五龍寺Facebook

第三日（9月6日）
駐蹕宮廟：恆春天后宮　　主祀神祇：天上聖母

▌圖4-3　恆春天后宮（圖片來源：跑者拍攝）

廟宇沿革： 恆春縣誌記載恆春天后宮為光緒五年（1879）恆春營官兵所建造，是謂清
廷之官廟。恆春天后宮地址建於恆春縣城主山三台山蜿蜒而下至猴洞山南麓
為恆春縣城之龍脈，安座於猴洞山天然珊瑚岩穴，後號麒麟寶穴。恆春營官
兵將其隨軍供奉的行軍媽祖則安座於天后宮中為本廟開基媽祖，由於因應軍
旅需求本廟開基媽是為軟身媽祖，作法類似提線木偶，有關節、四肢皆可活
動的雕像，方便行軍中收納而且與古代之女性一樣穿內衣、三吋金蓮繡花鞋
穿上多層神袍與真人無異，是上百年的古董神像。據傳説與當地耆老口述，
清康熙22年清軍攻打台灣時，在湄洲祖廟奉請湄洲媽祖隨軍來台，其後供
奉於台廈兵備道台灣府鎮標左營，所以開基媽祖為湄州媽祖。

地　　址： 屏東縣恆春鎮福德路126號

資料來源：恆春天后宮Facebook

第四日（9月7日）
駐蹕宮廟：滿洲照靈宮　　　主祀神祇：五府千歲

▎圖4-4　滿洲照靈宮（圖片來源：滿洲照靈宮Facebook）

廟宇沿革：滿洲照靈宮源於清光緒18年（1892）滿州村溝仔路五頂才宅設神壇，威降神靈掃災有求必應，於民國36年經村長曾庚古王進富等發起創建於此，擇名照靈宮，至民國56年重建完成，其後因年久失修破損嚴重。民國80年信徒大會決議重修，並於民國83年進行改建，增建鐘鼓樓及金爐。

地　　址：屏東縣滿州鄉中山路107號

資料來源：文化資源地理資訊系統（sinica.edu.tw）

第四章

媽祖駐蹕宮廟

第五日（9月8日）
駐蹕宮廟：尚武大陳天后宮　　主祀神祇：天上聖母

▎圖4-5　尚武大陳天后宮（圖片來源：Google map，拍攝日期2019年10月）

廟宇沿革：大陳義胞天后宮供奉之天上聖母於清光緒年間，某日從福建廈門載浮載沉一座石製香爐漂流到浙江溫嶺縣上大陳紅美山雙架村，被漁民發現撈起。並在港口搭蓋臨時木板屋供俸，庇佑全村庶民，有求必應，靈驗無比。後由全體村民集資興建，取名為天后宮。自此風調雨順，漁獲猶為豐收。民國44年大陳故居因烽火連天，無法再居住，於是政府命全島居民隨政府遷台，村民為感念菩薩之庇佑，故隨村民一起來台。初以簡陋庫房暫奉菩薩，至民國58年全體村民為感謝天上聖母的恩澤，在村中公共庫房原址改建廟宇，供奉菩薩，取名為大陳義胞天后宮，至民國65年落成。

地　　址：台東縣大武鄉尚武村政通五街30號

資料來源：文化資源地理資訊系統（sinica.edu.tw）

95

第六日（9月9日）
駐蹕宮廟：東海龍門天聖宮　　　主祀神祇：天上聖母

▎圖4-6　東海龍門天聖宮（圖片來源：台灣媽祖聯誼會之東部地區宮廟會員（taiwanmazu.org））

廟宇沿革：民國53年宮主任委員陳萬船先生，由台南崑沙宮亦今開基太子宮恭請中壇元帥，奉祀東台灣住宅。民國56年經中壇元帥揭示設壇救世；民國59年命名為中安堂，成立後中壇元帥大顯神威，信徒絡繹不絕；民國68年中壇元帥指示：台南市鹿耳門開基天后宮天上聖母欲往東台灣救世，庇佑生靈，突來的好消息，經委員會議後，該宮執事就前往台南鹿耳門開基天后宮，商討有關事宜，商畢在壇前的天上聖母金身，也是東海龍門天聖宮開基天上聖母金身。民國67年天上聖母指示要建宮廟，經主委、委員及各方信徒群力；民國70年12月才得以安座，並命名為「東海龍門天聖宮」。廟前眺南太平洋，左右兩側溪水形成護城河於南太平洋匯合；在古時候有一傳言：「鯉魚山的鯉魚乃由東海龍門天聖宮側溪游上的！」不正因該宮海龍門命名而有此巧合嗎？

地　　址：台東縣台東市中華路一段889巷63-1號

資料來源：台東東海龍門天聖宮Facebook

第七日（9月10日）
駐蹕宮廟：池上玉清宮　　主祀神祇：玉皇上帝

（左）圖4-7.1　池上玉清宮（圖片來源：跑者拍攝）
（右）圖4-7.2　池上玉清宮沿革碑（圖片來源：跑者拍攝）

廟宇沿革：民國37年間，當時該鄉福文村信士蔡連福先生有感於二次世界大戰期間本
地屢遭戰機襲擊，情勢危急，村民在惶恐不安中，常口呼「天公祖」（玉皇
上帝）以求庇佑。蔡先生感念至斯，即淨身虔誠向天恭請聖駕蒞境，蒙玉帝
御准香火，暫以木柱支架，上覆布篷鐵皮，搭蓋臨時廟亭供人膜拜。民國
42年地方人士鑒於廟亭簡陋不足以承載百年香火遂由蔡連福、林興順、何
阿坤、林德善、傅友祥、溫銀波、梁火照、杜錦枝、鄭仁會、徐阿源、黃生
發等熱心信士倡議集資籌建廟宇，承玉帝恩准選擇靈地，並蒙林興順捐地興
建，終於建造一座磚瓦頂鴟尾的平房廟宇建築，計正殿一間及左右兩偏殿，
並恭塑玉皇上帝金身一尊以供善男女膜拜，初取廟名「天靈寺」，後易名
「玉皇宮」，61年奉准正名為「玉清宮」。

地　　址：台東縣池上鄉文化路20號

資料來源：節錄自池上玉清宮沿革碑文

第八日（9月11日）
駐鑾宮廟：瑞穗青蓮寺　　主祀神祇：釋迦牟尼佛

圖4-8.1　瑞穗青蓮寺
　　　　　（圖片來源：跑者拍攝）
圖4-8.2　瑞穗青蓮寺沿革碑
　　　　　（圖片來源：跑者拍攝）

廟宇沿革：清光緒3年（1892），有位一位老翁肩挑一擔竹籠，寄放在水尾庄打馬煙（今瑞穗鄉瑞北村）傳萬豪善士舍下，聲稱前往附近探親，然而經數日，未見老翁蹤影；傳善惟恐籠中寄存之物有所腐損，愧對老翁之託，乃邀鄰近人士見證開啟，只見籠中寄存兩尊銅鑄釋迦牟尼佛祖像，別無他物，且內附字條一紙，指明一尊鎮守水尾庄；一尊駐在馬太鞍（今光復鄉）。眾覺老翁乃佛祖化身，歡欣鼓舞，紛紛提議建廟奉祀，遂由水尾庄總理林子繼先生事，建一茅舍於其墾殖地內供奉現址，光緒3年落成，定名為慈聖宮。其後光緒18年及宣統元年加以擴建整修，但仍是茅屋；迨至民國11年，水尾庄區長黃耀廷先生發起，終於民國13年改建為三廳二院、磚瓦構造之寺宇，並請鄉賢張采香秀才為之更名，改稱今名瑞穗青蓮寺。

地　　址：花蓮縣瑞穗鄉美村仁愛路109號

　　　　　　　　　　　　　　　　　　　　　　　資料來源：節錄自瑞穗青蓮寺沿革碑文

第九日（9月12日）
駐蹕宮廟：吉安聖南宮　　主祀神祇：天上聖母

▎圖4-9　吉安聖南宮（圖片來源：台灣媽祖聯誼會之東部地區宮廟會員（taiwanmazu.org））

廟宇沿革： 民國58年，西部雲林縣、彰化縣鄉親遷居於花蓮古仁里村、化仁村，鄉親
們為集思精神寄託，希望故鄉神明保佑一切叮孜順利，於是請北港朝天宮天
上聖母金尊來參拜。聖母娘娘的金尊跟著當時的值年爐主供奉，在值年爐主
的家中鎮孚，並訂定每年聖誕前農3月23日往北港謁祖回香。民國70年，在
西螺福興宮請天上聖母金尊太平媽供奉。民國71年在當年值年爐主彭爐主
家中，得到3杯聖杯的請示下，訂下聖南宮名號，民國74年西螺社口里福天
宮天上聖母金尊社口媽供奉，農10月12日在臨時宮孜座，於農11月2日動工
興建聖南宮，於民國84年10月23日完工孜座。

地　　址： 花蓮縣吉安鄉南海四街102號

資料來源：內政部全國寺院宮廟基本資料調查表（moi.gov.tw）
https://www.moi.gov.tw/files/civil_download_file/21.%E8%8A%B1%E8%93%AE%E7%B8%A3.pdf

第十日（9月13日）
駐鑾宮廟：和平慈福宮　　　主祀神祇：天上聖母

圖4-10　和平慈福宮（圖片來源：Google map，拍攝日期2019年02月）

廟宇沿革：民國50年的和平荒蕪且人煙稀少且無廟宇，信徒只能到鄰村的澳花土地公廟參拜祈求平安，後因眾人集資建造1.5坪土地公廟。民國80年政府產業東移政策，此成立了和平工業區，計畫之初土地公廟面臨拆屋整地，後在周旋爭取下取得工業局600坪現址建廟用地以無償撥用准予建廟，台電碧海工程處獲得800萬元做為啟動基金，民國88年破土動工。96年宮廟體雖僅初具，多處尚未完成，但入廟之呼聲已響，顯見時機已至。97年舉行安座儀式，正殿中央為開基媽祖　天上聖母娘娘，媽祖左方偏殿龍邊為關聖帝君，虎邊為福德正神、土地婆。至今，本宮已是台灣媽祖聯誼會的一員，與各友宮來往日久，內蘊日深，終能更有效的服務信眾，祈使天上聖母，媽祖福澤廣被眾信，媽祖聖名名揚海內外。

地　　　址：花蓮縣秀林鄉和平村208-96號

資料來源：和平慈福宮陳江清秘書提供

第十一日（9月14日）
駐鑾宮廟：蘇澳南天宮　　主祀神祇：天上聖母

▍圖4-11　蘇澳南天宮（圖片來源：台灣媽祖聯誼會之東部地區宮廟會員（taiwanmazu.org））

廟宇沿革：蘇澳地區普遍以討海為生，因此百姓們以供奉媽祖祈求庇佑。南天宮建於日
據時代，民國40年（1951）時曾重建，並於民國79年（1990）加以擴建，
同時請來一尊金身媽祖神像，全身皆為純金打造及五尊湄州媽祖安座此宮，
吸引許多信徒前來朝拜，香火鼎盛。南天宮因供奉有大陸湄洲媽祖祖廟的神
像，而遠近馳名，該廟更有興建一座供信徒焚燒金紙之用的金爐，金爐四周
雕龍砌鳳。蘇澳地方人士，親自率員到大陸洛陽，採購當地盛產的青斗石，
亦聘請著名的雕刻師傅來到南方澳，雕塑一尊立姿的媽祖神像，高度有15
台尺，輔以中國傳統建築物，這尊媽祖神像更顯得慈祥高貴。

地　　址：宜蘭縣蘇澳鎮江夏路17號

資料來源：南天宮金媽祖全球資訊網（goldma.tw）

第十二日（9月15日）
駐鑾宮廟：大里慶雲宮　　　主祀神祇：玉皇上帝

▌圖4-12　大里慶雲宮（圖片來源：維基百科之草嶺慶雲宮（wikipedia.org））

廟宇沿革：清嘉慶元年（1796），福建漳州人吳沙公，率先賢鄉勇千餘人越隆嶺進入大里簡，開墾至烏石港，首建頭圍（即今頭城）。隔年嘉慶2年（1797），漳浦人吳明德渡海來台，迎請玉皇上帝隨行護祐，因聞吳沙等在蘭陽，因來歸附，並將隨行玉皇上帝金身結草廬安奉。直至道光16年（1836），民眾才集資建廟於草嶺腳（今大里國小），稱為「天公廟」。光緒30年（1904），地方鄉紳以原廟規模簡陋，由吳公紹華等發起重建，經玉皇大帝選定現址（今正殿位置），興建石木結構的廟殿，額曰「慶雲宮」，蓋取宋蘇軾詩「一朵紅雲捧玉皇」之意。「天公廟」與「慶雲宮」並稱傳頌。

地　　址：宜蘭縣頭城鎮石城里濱海路7段33號

資料來源：草嶺慶雲宮－關於我們（dali-tgt.com.tw）

第十三日（9月16日）
駐鑾宮廟：八斗子度天宮　　　主祀神祇：天上聖母

（左）圖4-13.1　八斗子度天宮（圖片來源：跑者拍攝）
（右）圖4-13.2　八斗子度天宮沿革碑（圖片來源：跑者拍攝）

廟宇沿革：八斗子位在基隆東北郊外，是一個傳統小漁村，住民世代以捕魚為業，常感
　　　　　生命之無常，故多以祭拜天上聖母祈求平安為其宗教信仰。「度天宮」即為
　　　　　八斗子住民供奉聖母之所在，位居八斗子忘憂山谷山腰，所謂「山不在高，
　　　　　有仙則名，水不在深，有龍則靈」，度天宮雖然只是漁村小廟，但因聖母靈
　　　　　驗與慈悲，已成為北台灣沿海漁民的信仰中心。

　　　　　　　　清光緒6年（1880）僅由鄉賢黃水土先生雕塑其大媽神像，供奉家中，
　　　　　村人遇疑難雜症不能解，即請媽祖指點迷津，往往都能逢凶化吉、轉危為
　　　　　安；民國47年媽祖香爐突然發爐，由扶鸞者請媽祖出壇，指示村人為其建
　　　　　廟，遂由鄉紳楊昌吉先生倡建，村民響應，經聖母指示擇地現址興建，並由
　　　　　媽祖降示「度天宮」為廟名，民國50年正殿完竣，民國66年廟頂遭颱風毀
　　　　　損重修，民國73年興建左右，民國90年正殿吉左右廂重修隔年完工。
地　　址：基隆市中正區八斗街96巷32-1號

資料來源：節錄自八斗子度天宮沿革碑文

第十四日（9月17日）
駐蹕宮廟：三芝福成宮　　主祀神祇：天上聖母

▌圖4-14　三芝福成宮（圖片來源：台灣媽祖聯誼會之北部地區宮廟會員（taiwanmazu.org））

廟宇沿革： 於光緒16年（1890）所建，而媽祖神像乃經蒙皇上勒封之金面雕塑；為專屬
達官顯貴崇奉之神；而非一般庶民所膜拜之非金面神像可比，故其尊貴迥異
尋常也。黃氏自肘建廟之際巧遇神像，此乃天意也。於明治44年（1911）經
申請核准後，恭迎聖母神像蒞香安奉，此時該宮廟宇尚未興建，乃暫厝林氏
甘娘之民宅，並積極籌措建廟之事，終於大正8年（1919）農曆8月初二舉行
落成典禮，恭迎聖母神像入廟鎮座。

地　　址： 新北市三芝區中山路1段38號

資料來源：風俗與信仰-三芝區公所（ntpc.gov.tw）

第十五日（9月18日）
駐鑾宮廟：觀音保障宮　　　主祀神祇：天上聖母

圖4-15.1　觀音保障宮
　　　　　（圖片來源：跑者拍攝）
圖4-15.2　觀音保障宮
　　　　　（圖片來源：跑者拍攝）

廟宇沿革：乾隆54年（1789）建廟，因地處保障村故取名保障宮。保障宮不同於一般媽祖廟分靈，主要是因為清道光年間航海家林惟國奉請湄州大天后宮大媽金身供奉船上以保航海安全。清道光26年（1846）林惟國航海時遭遇強風吹襲漂至草漯海邊，草漯先民楊媽兜出海捕魚時發現，登船時見媽祖顯聖喻示旨意座鎮草漯，蒙林惟國同意，楊媽兜即恭請媽祖金身，文件、法器等寶物，唯忘記請媽祖香爐，再返回時船隻已不見，現該香爐供奉在北港朝天宮。咸豐4年（1854）地方人士集資建廟奉祀，興建土塊泥牆茅屋一座，命名「草漯保障宮」。光緒32年（1906）重修並舉行慶成建醮大典。至民國35年桃園八角店善者邱創敏適外出見一老嫗，云：聞翁善行，能捐資奉獻，且募四境擅施，重修保障宮。言畢不見老嫗，於是邱翁前往探視，集資重修保障宮。

地　　址：桃園市觀音區大觀路1段579號

　　資料來源：節錄自《草漯保障宮開基媽祖略記》（草漯保障宮管理委員會，2003）

第十六日（9月19日）
駐蹕宮廟：竹南大埔竹篙厝合興宮　　　主祀神祇：福德正神

▍圖4-16　竹南大埔竹篙厝合興宮（圖片來源：Google map，拍攝日期2018年4月）

廟宇沿革：合興宮創建於距今190年餘年前，當時本地俗稱「隆恩埔」如今改稱為「竹篙厝」由先人陳存、洪海及連先生（軼名）三人率族人開墾，後經過數十年胼手胝足終有所成，於是三姓合議創建「金聯成」之土地，於土地西端用土角建造約十坪之土地公廟保護境內平安。後於民國56年改建磚造廟宇，民國81年擴建為二層樓，同時推舉管理人擔任主任委員。並於民國89年舉辦慶成福醮大典。

地　　址：苗栗縣竹南鎮正覺路63號

資料來源：竹南大埔竹篙厝合興宮曾瑞生總幹事提供

第十七日（9月20日）
駐蹕宮廟：日南慈德宮　　　主祀神祇：天上聖母

圖4-17　日南慈德宮（圖片來源：台灣媽祖聯誼會之中部地區宮廟會員（taiwanmazu.org））

廟宇沿革：日南慈德宮建造於民國67年（1978），主祀神為天上聖母，當地人稱為三
　　　　　庄媽，是日南庄、九張犁、日南社庄、三張犁、六股及樹仔腳居民的信仰中
　　　　　心。早期值年爐主是由擲筊決定，再由爐主將天上聖母請回家中供奉，民國
　　　　　65年發起人郭吉本先生聲聞本鎮建興里一個里人力、資金可以建廟，三庄
　　　　　媽有四個里為何未能建廟，在輸人不輸陣的情況下四方奔走，邀請蔡四山獻
　　　　　廟地陸百坪，陳進添獻土地22坪，於當年破土典禮興建，並成立籌備委員
　　　　　會，由地方仕伸擔任籌備委員會主委，郭吉本為副主委，及當時各里里長結
　　　　　合信徒們力量，終於2年後，民國67年完成主體建設，媽祖正殿並奉請聖母
　　　　　安座，後於68年左、右室全部完工。由於當時處於農業社會，資金籌備困
　　　　　難，鄉親互相幫忙，爭走相告、得以兩年時間完成慈德宮落成。

地　　址：台中市大甲區孟春里通天路152號

　　　　　　　　　　　　　　　　資料來源：文化資源地理資訊系統（sinica.edu.tw）

第十八日（9月21日）
駐鑾宮廟：花壇楓灣宮
主祀神祇：朱府千歲、李府千歲、邢府千歲、吳府千歲

▌圖4-18　花壇楓灣宮（圖片來源：Google map，拍攝日期2019年12月）

廟宇沿革： 楓腳地區之蔡厝先祖自故里恭請邢府千歲渡海來臺，同治2年（1863）邢府千歲指示信眾建廟，並與灣子口店仔內的李厝朱府千歲共祀廟內，取「楓」、「灣」二字命名為「楓灣宮」。兩地信眾集資王爺選地，12月28日子時落成入火安座。光緒11年（1885）邢府千歲奉旨，代天巡狩燕霧上堡24庄（即花壇鄉）。光緒24年李府千歲奉旨降臨本宮，協助朱、邢二千歲守護燕霧上堡，成為朱、邢、李三府千歲。同年，吳府千歲奉旨駐守本宮行醫濟世。因此本宮奉祀有朱、吳、邢、李四府千歲，四位王爺共同駐守本宮。創建之初乃用泥土砌建抹白灰而成，屋梁採原木實材，屋頂則用茅草搭建，創建至今超過150年，經歷多次修繕，如今屋頂已是雕龍畫棟琉璃瓦，正殿依舊保存著土牆。

地　　址： 彰化縣花壇鄉楓腳巷128號

資料來源：文化資源地理資訊系統（sinica.edu.tw）

第十九日（9月22日）
駐鑾宮廟：崙背奉天宮　　　主祀神祇：天上聖母

▎圖4-19　崙背奉天宮（圖片來源：台灣媽祖聯誼會之中部地區宮廟會員（taiwanmazu.org））

廟宇沿革： 創建於嘉慶2年（1797）至今已將近200年歷史，奉祀主神為天上聖母，配
祀：神農大帝、註生娘娘、福德正神，為崙背鄉內歷史最悠久的廟宇。嘉慶
初年本地連年苦旱五谷歉收，且瘟疫流行，莊民頻臨飢病交迫，人心惶恐之
際，幸莊內有識人士廖清新先生提議，迎請湄洲媽祖聖駕遶境驅邪，祈安植
福，媽祖神威顯赫，三日後疫疾頓然消蹟，萬物回春。於是集議興建一竹茅
廟宇奉祀，於嘉慶二年竣工，定名「奉天宮」。光緒13年（1887）重整廟
宇。民國20年（1931）地方士紳發起重建廟宇募捐，興建一棟佔地200坪，
重建後神威更加顯赫，香火益加鼎盛，庇佑地方更為繁榮。民國56年經當
時主任委員會李來枝等委員發起由本莊三村眾信徒樂捐，將廟貌重新油漆刷
新。民國58年再翻修廟頂。

地　　址： 雲林縣崙背鄉中山路280號

資料來源：文化資源地理資訊系統（sinica.edu.tw）

第二十日（9月23日）
駐鑾宮廟：水上璿宿上天宮　　主祀神祇：天上聖母

▌圖4-20　水上璿宿上天宮（圖片來源：嘉義縣水上鄉公所網站。https://shueishang.cyhg.gov.tw/）

廟宇沿革：古時水堀頭區域（水上地區）常遭受盜匪的侵襲，為安全起見，崎仔頭、埤斗、湖仔內、下路頭、車店、鴿溪寮、頂寮、新厝仔、老店、下寮、巷口、鹿仔陷（已廢庄）、粗溪、大堀尾、江竹仔腳、大崙、二重溝、頂過溝、十一指厝、後寮、南靖、頂樹頭、下樹頭、外溪洲、外林、店仔後、吳竹仔腳、水堀頭庄等28庄庄民共同集資建廟，並得到頂過溝信士劉有功捐獻廟地，而於清朝乾隆二年（1737）興建完成。建廟完成時，地方士紳發現媽祖宮所在位置，剛巧位於28庄之中心地帶，宛如天上二十八星宿在諸羅縣大地綻放萬丈光芒一般，嗣後經求媽祖聖筊後定名「璿宿上天宮」。之後水上地區因此而團結，水堀頭也漸成小市場，至此買賣的人未再受盜匪搶奪，得以平安過日。

地　　址：嘉義縣水上鄉水上村中和路233號

資料來源：文化資源地理資訊系統（sinica.edu.tw）

第五章 | 揹駕媽祖超馬跑者之介紹 與訪談實錄

　　該說因緣際會呢？還是要說無心插柳柳成蔭呢？很多事情依照科學的原理、原則、和步驟，才能進一步評估、規劃、和考量才能夠執行。此次在2020年7月下旬才接收到媽祖的指示，9月就要出巡遶境環台。活動未成形之前，大家真的都仔細評估過可行性，而跑者能稱為跑者絕非一天兩天就得此稱號，跑步對我們來說已經是生活的一部分，是不可或缺的元素，只是沒人敢在9月高溫下做此嘗試罷了。且雖說無形神靈力量庇佑著蒼生，但是神尊並無法自己直接去環台，而需要透過人的力量進行。

　　要在9月份辦一場持續21天的環台跑步，真正參與全程組的九位跑者除了要有過人的膽識外，更要有一絲絲的天真浪漫，帶著天馬行空的想法才能成行。9月份的台灣，當大多數的人還在躲避太陽和吹冷氣的時候，我們卻要逆天而行，做著違反人性的事情，這如果不是笨、那就是傻。活動完成後的現在回憶起來，這個傻卻是很美好。

　　此次，自願報名全程組者有9位（含總指揮暨總教練蔡明宜先生），平均年齡落在40-60歲之間，人員組成介紹如下：總教練蔡明宜（59歲）、黃昆鵬、吳滿珠夫妻（66歲、67歲）、陳俊博（61歲）、趙森勇（57歲）、蘇英超（51歲）、林捷如（46歲）、陳贊亦（44歲）、和作者林業展（39歲）。本次環台祈福遶境21日雖由全程組及單日組跑者共同完成，但主要核心還是以全程組跑者為主，在21日過程中，這九位跑者胼手胝足、相互鼓勵才能完成媽祖交付的使命。

　　為了解這些超馬跑者對此次活動之想法，並考量便利性及效率性，本研究由作者本人林業展設計初始題目，在與指導教授和口試委員討論後，篩選出六個問題，以Line通訊軟體寄送問題和回傳答覆，若有需要，則加以錄音，並將錄音檔轉成逐字稿紀錄。每位超馬跑者之介紹與訪談紀錄，詳述如下。

九位跑者居住在台灣各地，台北4位、雲林2位、台南3位。其中較年長的兩位黃昆鵬、吳滿珠夫妻由於個人因素不方便接受訪談，僅表示很開心跟隨著媽祖的腳步完成環台，其中黃昆鵬大哥本是台灣馬拉松界的好手，征戰無數，而吳滿珠女士則是第一次環台，憑藉著自身毅力一圓環台夢想。黃昆鵬、吳滿珠夫妻合照，如圖5-1所示。

圖5-1　全程組跑者黃昆鵬、吳滿珠夫妻合照
（資料來源：由當事人提供）

每位揹駕媽祖超馬跑者之受訪內容和記述方式是一致的，受訪內容包括受訪者姓名、職業、年齡、訪談者（皆為作者林業展）、和訪談日期，每人並附加一張當事人自己所提供之個人照片。

訪談題目共有六題，題目如下：

1. 什麼動機讓你想參加揹駕媽祖環台馬拉松？
2. 揹駕媽祖環台馬拉松過程中你都在想什麼？
3. 揹駕媽祖環台過程中傷痛有帶給你想要放棄的念頭嗎？
4. 揹駕媽祖環台過程中如果遇到困境如何支撐下去？
5. 揹駕媽祖環台馬拉松帶給你什麼影響？
6. 你覺得超馬精神是什麼？

最後，作者林業展本身雖然也是這九位環台跑者之一，但其已在本文全文中完整表達自身對超馬和媽祖遶境環台之想法，因此不在此章節再次答覆自己所設計之問題。林業展之照片，如圖5-2所示。

圖5-2　全程組跑者林業展（戴帽者）
（資料來源：由當事人提供）

戴帽者為蔡明宜先生。

編號1	
受訪者	蔡明宜
職業	商
年齡	59歲

1. 什麼動機讓你想參加揹駕媽祖環台馬拉松？

感念媽祖在我出國參加比賽之時給予我很多保護，讓我在不受傷的情況下完賽，所以為了感謝媽祖及消除新冠肺炎，為台灣祈福而進行揹駕。

2. 揹駕媽祖環台馬拉松過程中你都在想什麼？

不像當選手只負責跑步，身為此次活動總指揮暨總教練，每天都有不同的狀況要處理，電話接到沒電，都依靠小蜜蜂及大車的志工及各地區的跑友和全程的跑者分工合作，說也奇怪，再困難的問題，都能一一迎刃而解，真的冥冥之中靠媽祖去幫忙完成。

3. 揹駕媽祖環台過程中傷痛有帶給你想要放棄的念頭嗎？

出發前三個月，每個月訓練兩個星期，每天一個全馬42公里，每次訓練時太陽比真正環台時更熱，腳底因連續三次重複起水泡而長繭。沒有想過要放棄的念頭，居然是環台時因忙碌行政工作加上自身又是環台跑者，因此搞得每天都睡不飽。

4. 揹駕媽祖環台過程中如果遇到困境如何支撐下去？

每天快快樂樂地出門一步一腳印，慢慢地完成，不要想太多，一天一天一段段地去跑，媽祖自然會引領著你前去完成。

5. 揹駕媽祖環台馬拉松帶給你什麼影響？

信仰力量無窮大，媽祖會教你怎麼做事做人。碰到問題時自然會有辦法解決，或許當下體會不出來，事後再回頭找答案對照，會發現冥冥之中媽祖已教會了很多事情。

6. 你覺得超馬精神是什麼？

超馬精神是永不放棄的理念，身體的傷痛遍體麟傷，身體會一直傳遞一種聲音告訴你要放棄。因此，自己總會花30分鐘去評估是否要放棄，因為放棄只要5分鐘、只要一剎那就放棄了，但是堅持的力量卻是很難的。

編號2	
受訪者	陳俊博（慢吞馬）
職業	退休人士
年齡	61歲

1. 什麼動機讓你想參加揹駕媽祖環台馬拉松？

自從愛上跑步後，環台是每一位跑馬者的夢想。今年109年7月15日公務員生涯退休後，本來計畫110年5月份要自行環島，恰巧8月份接到蔡明宜跑友Line訊息邀約，告知鹿耳門要舉辦媽祖環台。當下把握機會，沒什麼考慮就報名了，其實我很久沒練跑步，祇赤腳走路及練國術、柔和運動，報名玩真的，加強練跑了。

2. 揹駕媽祖環台馬拉松過程中你都在想什麼？

終於來到了媽祖環台的起程日，眾多信眾來送媽祖，場面很壯觀熱鬧，我的心情也激揚，很高興出發了。噯喲～很熱～中午不休息，柏油路很燒，腳趾頭、腳底會痛耶，手腋下、大腿界邊也痛，忍著（曾經痛過），來日方長，向前行。我暗自期許，陪媽祖很光榮，媽祖會保佑我，痛會過去的。跑在南部海岸線，遙望美麗的大海，天空的雲層在流動，很多意象的形成，有可愛的動物，有如山水般的國畫，飄流過去消失了，經過許久，雲又凝聚成人像，好像是媽祖大神像，好高興看到媽祖！我合十拜媽祖感恩媽祖！媽祖又飄流走。

3. 揹駕媽祖環台過程中傷痛有帶給你想要放棄的念頭嗎？

前進中第2天，身體承受熱痛，腦子浮上幻想，懷疑自己能跑下去嗎？我真的沒練夠，準備時間短又倉促，這麼衝動報名，現在信心動搖了。跑

著、跑著、亂想著，忽然感覺媽祖告訴我，媽祖是要我來練習，有機會完成48小時，要突破102年自己的記錄，當下我回神，感恩媽祖！我的動力來了，就下決心陪媽祖環島不退場。

4. 揹駕媽祖環台過程中如果遇到困境如何支撐下去？

有了媽祖救世的信念，陪媽祖的心情，就快樂跑起來，好像陪伴媽祖好好玩，邊跑邊欣賞風光；話說回來，我們全程有補給車有補給品，真的超級棒的！沿路下來很多跑友、路跑協會、信徒提供補給品，藉此，萬分感謝他們善心，我前幾天狂飲用碳酸飲料，醣類吃太多了，身體起紅濕疹，超癢的，手一抓更熱癢，範圍更擴大，告訴自己不能抓，忍受煎熬，這時段跑在屏東的滿州港仔，找醫生都很不方便，好家在，我們全程組隊友蘇英超，他告訴我，我醣類吃喝太多，身體代謝不掉才造成的，因此我改喝水，少飲用醣類，苦了三天、消炎了，支撐過去了。

5. 揹駕媽祖環台馬拉松帶給你什麼影響？

揹媽祖是很有意義的事，媽祖濟世流芳百世，我們很榮幸揹媽祖環台，祈福台灣平安，疫情造成世人恐慌，揹媽祖救世人除災疫，一路上有信徒跪拜求媽祖庇佑，解除他們病痛災難。當我揹媽祖的時候，有一股感恩激情湧上來，其實揹媽祖跑步不累耶，無意中想到我母親的體味，我孩兒時很愛黏媽媽，這時候回憶起母親對我的養育恩情，一連串思念湧上心頭，眼眶泛淚水激盪，真的，媽祖猶如大家的母親，一直在庇護世人，我抱著感恩的心勇敢向前跑。

6. 你覺得超馬精神是什麼？

我是農家子弟，自幼習農有助身體健朗，又早期農業生態，村莊均有練國術強身情況，所以我也學了國術，跑馬拉松應用國術調息原理，可以跑、走，超馬非常適用，因此我愛上超馬，超馬不趕時間，跑久越有精神（氣功跑法長呼長吸），超馬要長期自我訓練準備；陪媽祖環島是任務也是使命，是真正的超馬精神，一定要有達成使命般的跑，堅持到底不畏艱苦，完成使命。最後跑回鹿耳門聖母廟那一刻，真的自我很感動，苦盡甘來內心很欣慰。

編號3	
受訪者	趙森勇
職業	佛具商行
年齡	57歲

1. 什麼動機讓你想參加揹駕媽祖環台馬拉松？

去年2019.2.8我曾參加「台灣環島跑者」舉辦的第一次環台賽19天，所以我有環台經驗，我是虔誠的媽祖信仰者，原本只計畫參加11天賽事（分為三階段）揹駕跑步。第一階段，媽祖起鑾出發，我要跟隨3天恭送鑾駕啟程，第二階段，花東是個好山好水的純樸地方，我要在此路跑5天跟隨聖駕祈福路跑，第三階段，聖駕回鑾我要跟隨3天，前往迎接回到鹿耳門聖母廟。但是⋯偶然⋯遇見「民生慢跑社」黃寬和會長，閒聊之中要我參加全程21天賽事，讓我重新思考參加賽事的天數，也在隔日決定參加全程21天路跑賽，或許是神力加持，冥冥之中工作的安排與調整，都一切順利讓我順利成行。

2. 揹駕媽祖環台馬拉松過程中你都在想什麼？

本次活動原本只是一個隨興的路跑活動，在欠缺規劃活動、簡章說明、媽祖揹駕和跑者住宿各項工作未盡完善下，只能靠著全程組九人分工合作，隨時修正討論路線、用餐及聖駕駐駕時間。這次消除疫情祈福活動讓我有機會揹駕服務，我的職業是佛具店及廟宇禮儀，所以來當跑者及揹駕，我也做了很多該做的事情，本次活動揹駕人力明顯不足，況且跑者長時間的疲勞、傷痛是與日俱增的，活動能平安完賽要感謝媽祖神力扶持及全台跑者的接力揹駕，一場不被看好的活動，大家發揮團隊精神、各司其職，完成不可能的任務，讓聖駕風風光光地回鑾到台南鹿耳門安座。

3. 揹駕媽祖環台過程中傷痛有帶給你想要放棄的念頭嗎？

個人參加馬拉松、超級馬拉松賽事已經超過300場，我常常用跑步堅持人生、砥礪自己，目前的300場中還沒有棄賽及落馬的紀錄，只要相信撐到最後一刻，時間必將過去、終點必將來臨，這是我的堅持，不經一事不長一智，遇見困難只有面對、思考、解決，人生何曾放棄。

4. 揹駕媽祖環台過程中如果遇到困境如何支撐下去？

賽程中，21天的炎炎夏日身體需要承受酷熱及水分流失，膝蓋、腳踝、各個肌群多在增加傷害，還有腳底一天一個大水泡，長征21天是傷痛是累積的，如何撐過傷痛需要堅強的毅力及體力，才能完賽。

孟子云：苦其心志，勞其筋骨、餓其體膚，空乏其身，行拂亂其所為，所以動心忍性，增益其所不能。這句名言是跑馬拉松的最佳寫照，是我對人生的告誡、學習、不棄之態度。

5. 揹駕媽祖環台馬拉松帶給你什麼影響？

感謝神恩帶給家庭平安健康，更使個人堅強意志、鍛鍊身體。

6. 你覺得超馬精神是什麼？

訓練與賽事是要態度嚴肅的，常言道「只有累積沒有奇蹟」，忍人之所不能忍、痛人之所不能痛。堅持到底、永不放棄，傷痛與共、方到彼岸。

編號4	
受訪者	蘇英超
職業	運輸業
年齡	51歲

1. 什麼動機讓你想參加揹駕媽祖環台馬拉松？

50歲以後到生命終點這段時間，該如何使用？

想說，我們的土地，台灣很美，得去找尋及探索。

想說，以非器械的方式，最直接，讓我可用最最原始的視角看世界。

想說，在跑走的過程中，探索自我、與土地對話、與土地連結。

想說，我是媽祖廟口的小孩！

想說，那就跟著揹駕媽祖的蔡隊長去吧。

2. 揹駕媽祖環台馬拉松過程中你都在想什麼？

炙熱，9月的台灣，環台的起點，從熱帶的台南開始，煉獄般的天氣是可想而知的，但非親身經歷卻難以體會，數度中暑昏暈無力倒臥高雄至屏東的騎樓，想說，才第二天就要回家了嗎？

傷痛。每天約55公里的跑走行程，是身體從未接受過的試煉，水泡腳掌、腳踝髖骨一路的傷傷傷，一路上身體各部位的借位調整，當倒吃甘蔗的念頭才剛湧現心頭，左大腿肌肉嚴重拉傷的大麻煩，也跟著悄然而來，這是福禍相倚嗎？左大腿肌肉的拉傷，造成無法下蹲一直到環回台後約一個月才再蹲了下去。

3. 揹駕媽祖環台過程中傷痛有帶給你想要放棄的念頭嗎？

　　第二天從高雄到屏東的路程中，在後半段中暑，心中一直有不妙的念頭出現，想說，難到第二天就回家了嗎？透過後續不斷的思考調整並追隨著媽祖的腳步，結果是，成功的克服了熱！

　　第13天從大里到基隆的路程中，大腿拉傷無法下蹲，想說完蛋了這下好了，從這回汐止家，很近，透過後續不斷的思考調整並追隨著媽祖的腳步，結果是，再次成功的克服了傷！

4. 揹駕媽祖環台過程中如果遇到困境如何支撐下去？

困境，早已可想而知之，但親身經歷又是另一個層次的體驗，想說，就是跟著媽祖的腳步去吧。環台21天1139公里，對於已一年多沒訓練、也不是超馬跑者的我而言，著實就是一個不可能的任務。21天以來，身體不斷地接受天氣路程的考驗，遇到困境而放棄，想說，也是合理的。

5. 揹駕媽祖環台馬拉松帶給你什麼影響？

　　有段老生常談，思想產生信仰，信仰產生力量！我們相信什麼，我們就會成就什麼。如果我們什麼都不相信，那我們將什麼都不是！環台21天1139公里，對於已一年多沒訓練、也不是超馬咖的我。想說，就是跟著媽祖的腳步去吧。跟所有的夥伴一起，我們也都完成了。

　　俚語說：「驚驚不著頂」跟著媽祖就對了！

6. 你覺得超馬精神是什麼？

對於淺薄超馬資歷的我而言，超馬精神是一種人生的態度。這樣的態度，引發思想進而產生信仰，化成實際的力量。越信力量就越強大，越想珍惜身體，土地的美好。願，就跟著媽祖的腳步去，踏在台灣這片土地上，追求那一份的悟得。

編號5	
受訪者	林捷如
職業	退休人士
年齡	46歲

1. 什麼動機讓你想參加捎駕媽祖環台馬拉松？

跑步環島是一個夢想，卻一直沒有付諸行動，也沒有計畫會在2020完成環島夢想。我是個隨興的人，無意間發現，媽祖環台為疫情祈福環台活動。當下念頭就是我想參加。加上自己已從工作了25年的百貨公司退休了！時間上完全沒有問題，總覺得一切都是安排好的，我不想錯過這個機會。

2. 捎駕媽祖環台馬拉松過程中你都在想什麼？

環台的每一天腦袋都是空空如也，其實是幸福的，什麼都不用想，睜開眼就是跑跑跑。9月初南台灣的天氣是炎熱的，而花東縱谷的天氣型態是午後雷陣雨，長達21天的時間，酷熱的天氣、身體雙腿的疼痛與疲憊是一大考驗。心裏的信念是重要的，一路上享受著沿路的風景，將自己與大自然融合、與身旁的同伴分享著心裏的感受，每一天的終點，都是另一個起點。

3. 捎駕媽祖環台過程中傷痛有帶給你想要放棄的念頭嗎？

在運動領域上，我是個不容易放棄的人！出發前朋友問了我有沒有為自己設個停損點。過程中，遇到什麼樣的狀況，會停止！其實我沒思考過，這個問題，我會回答：如果媽祖希望我陪她完成環島，那過程中的困難與考驗就會被克服！

4. 揹駕媽祖環台過程中如果遇到困境如何支撐下去？

　　雙腿的疲憊，每天都是腫一截，腳底的水泡，酷熱的天氣，是這21天來最大的考驗！不斷的告訴自己，最辛苦的前三天要忍過去，在心底為自己加油。7天、10天、14天…我們完成了第1000公里，心裡的感動，已戰勝了身體的疼痛了！

　　每天早上起跑，一定會向媽祖娘娘祈求～我相信媽祖真的有保庇！

5. 揹駕媽祖環台馬拉松帶給你什麼影響？

每個人心中都有一座神！一個信仰！第一次跑步環島，竟然可以和媽祖娘娘這麼貼近！珍貴的人生歷練，面對未來的自己更能無懼的前進！所有的一切都是最好的安排。

6. 你覺得超馬精神是什麼？

超馬精神～

不競爭　是自我挑戰！

不爭勝　是體會堅持！

不獨我自賞　是與知音共贏！

跨步天地間　感受淬煉的痛快！

編號6	
受訪者	陳贊亦
職業	商
年齡	44歲

1. 什麼動機讓你想參加揹駕媽祖環台馬拉松？

偶然在臉書動態頁上看到了媽祖環台馬拉松的訊息貼文，一場可以陪聖母環台也可分單日或數日的馬拉松活動，遂起了環台的心願，因為本身的宗教信仰就是佛，道教，一切都滿適合自己來參與的，天時地利，就只等自己（人和）了，一切搞定了，就報名參加1139公里的漫長旅途之旅了。

2. 揹駕媽祖環台馬拉松過程中你都在想什麼？

這一路上遇到了很多貴人相助，參加活動的跑友，陳善富先生、郭美足小姐夫妻，超馬足哥，小蜜蜂兄，田哥，松哥，小鄧兄，來福兄等等眾位酒友一路的陪伴，一路上的自己總是在想，何其幸運的可以來參與，也何其有幸的受到大家的照顧，所以大多在祈禱聖母諸神，護持大家一路平安，一家幸福快樂，眾生都能平安，吉祥。

3. 揹駕媽祖環台過程中傷痛有帶給你想要放棄的念頭嗎？

有人可能會想問，這一路有無棄賽的念頭呢？老實說，沒有，因為沒有受到大傷，所以一路上的自己總是在找尋歡樂，製造快樂，一路上的夥伴們，確實都很開心吧，雖然苦也佔了大半部分。

4. 揹駕媽祖環台過程中如果遇到困境如何支撐下去？

困境，咬著牙，轉個念，儘量不去注意到這個境界，因為再苦也是得動，
才能到達終點。

5. 揹駕媽祖環台馬拉松帶給你什麼影響？

參加宗教活動已有近三十年了，不論北港，白沙屯，大甲媽祖徒步遶境等
都有參與過，媽祖帶給我的功課，每年都不同（心境，年齡），一個人的
與心對話，一群人的歡樂喜悅，慈悲喜捨，知足惜福，善待每一個人，
事，是近來最大的領略。

6. 你覺得超馬精神是什麼？

超馬，超越42.195公里就是超馬，連跑21天的超馬，確實不是很容易，但
是也不會很難，相信自己，信任夥伴，只要能動，就有機會可以到達目的
地，可以成功的完成心願。

第六章 │ 綜合討論

　　在不同的國度裡，文化是一種精隨，亦是一種無形的橋梁，搭起了人與事物的連結。求學期間時常聽到東西方文化大不相同，東方文化與西方文化各有千秋，然而直至今日，世界的進步與幾千年的刻度似乎沒有什麼關係，只是東西方文化的淵源與啟發大相逕庭。西方希臘文明自古就有以運動敬神的宙斯神話故事，意即西方人會透過運動競技方式來表達對神的崇敬，例如眾所皆知的奧林匹克運動會。然而東方信仰與運動的關係，常常是一個運動，各自表述，例如：佛學與武學、少林派與少林功夫就是這種連結屬性關係。演變到後來像是現在的宋江陣、陣鼓、陣頭等，這些活動與宗教之間的連結似乎都直接以活動方式或活動的實際內容來稱呼之，且同時表達了某種宗教式的信念。

　　台灣社會大眾對神靈的存在，普遍都存在寧可信其有不可信其無、或舉頭三尺有神明等近乎自律或節制的想法，因此，每當我們看見廟宇或是神轎遶境時，便會不自覺地以雙手合十膜拜，這是一種尊重亦是一種內化了的儒家思想。然而當宮廟在推展宗教事務、並希望年輕人能加入廟方來為神明服務時，有些家長或社會大眾卻難免會認為宮廟文化是一種社會經濟地位不高的人在參與的民間活動。有鑑於此，現代社會需要正視台灣良善的宮廟文化，宮廟本身則需要持續累積正面能量，多多舉辦對各年齡層都能有所助益的活動，本文所推廣的揹駕媽祖路跑活動，就是一個很好的模範活動。

　　台灣在本質相同的運動事件上，與西方觀念有著截然不同的差異性，如傳統宮廟文化在舉行神明遶境時，常伴隨著神轎、陣頭、陣鼓、鞭炮聲等，除了帶給民眾噪音及空汙的觀感外，有時還會出現一群血氣方剛的青少年或成年人，在聚眾廟會活動時產生亢奮的情緒，若稍有不慎而發生口角，衝突打鬥似乎是常見的事件結束畫面。以2020年12月台北艋舺青山

宮青山王出巡遶境為例，的確有許多民眾非常支持此一活動，但亦有許多民眾因遶境所帶來的人潮車潮而怨聲載道、抱怨連連，青山王有靈，應該亦不會樂見如此。其實時代在進步，人們對很多事物的觀感也都跟著在改變，現代人已在思考兼顧傳統、獨特、創新、與環保，不管是中元普渡、清明掃墓、廟宇祭拜，漸漸地都可以接受以許多公益活動取代燒紙錢、以電子鞭炮取代傳統鞭炮等。崇拜過程是一種心意，神明也從未真正傳達旨意一定要焚燒多少金紙才算是尊敬祂，因此，遶境只是一種儀式，目的是將人心連結在一起，就像是過年只為了團聚一樣。

台南正統鹿耳門聖母廟2020年媽祖環台遶境21日已圓滿落幕，此次是台灣首次宮廟與超馬運動的結合，透過一群超馬跑者揹駕媽祖，除完成媽祖所交代的任務，環台遶境收瘟疫回天河外，更具有穩定四方靈界及無主孤魂之時空使命，這對宮廟遶境文化而言是一種突破與創舉。如李光正（2017）個案研究指出，九天盃的青少年揹三太子神偶徒步環台，透過像苦行僧的方式找尋自我存在意義，藉此希望影響更多時下青少年，破除迷惘找到自己，啟發青少年，進而能夠自我實現。此次台南正統鹿耳門聖母廟首創以超馬跑者揹駕媽祖方式遶境環台，帶有獨特的時代意義，對宮廟而言，這種遶境規模是全國性的、而不是地方局部性的；對超馬跑者而言，則是在完成單純的跑步運動之外，更達成對神明崇敬、對生命充滿感謝之人生意義。

第七章 | 結論與建議

一、結論

　　本研究以歷史學及人文學研究方法，詳實記錄西元2020年，台南正統鹿耳門聖母廟之鹿耳門媽，以超馬跑者揹駕走跑方式沿海線遶境台灣一圈，收瘟疫回天河。研究獲致以下結論：

　　1. 揹駕媽祖遶境環台的規模可以達到全國性，並且是可行的。

　　2. 超馬跑者可透過遶境環台一圈，結合台灣特有的宮廟文化，達成對神明崇敬、對生命充滿感謝之人生意義。

二、建議

　　此次台南正統鹿耳門聖母廟媽祖遶境環台，是台灣首次以超馬跑者揹駕媽祖環台，採全程組及單日組進行，未來若能繼續舉辦第2屆、第3屆等，希望可藉由此次活動經驗而持續完善每次活動，具體建議如下：

　　1. 考量夏季酷暑之天候因素，建議活動日期可於較涼爽之秋冬時節舉行或延長活動天數；環台路徑方面，則建議活動路線可穿插山線及海線，如此可更深入民間並和民眾多些互動。

　　2. 考量跑者身心狀況，建議活動過程中可隨行運動心理諮商師、運動防護員、或專業醫療人員，夜間時則建議可協助跑者進行專業運動按摩。

　　3. 考量遶境所接觸之駐蹕宮廟、相關宮廟、或政府組織，可結合當地慶典或習俗一同舉辦路跑活動，並適當派員陪跑遶境。例如：瑞穗到花蓮端，亦可舉辦健走、10公里、半程、全程及超級馬拉松競賽活動。

　　4. 建議未來可邀請國際超馬跑者參與媽祖環台遶境活動。

引用文獻

中文文獻

台灣日日新報（1914年8月27日）。*鹿耳門浮復*。

正統鹿耳門聖母廟管理委員會（2000）。*正統鹿耳門聖母廟沿革*。台南市：正統鹿耳門聖母廟管理委員會。

李光正（2017）。*九天盃太子極限環台賽之個案研究*（未出版之碩士論文）。亞洲大學，台中市。

邱榮基、畢璐鑾（2005）。探討台灣馬拉松運動之發展。*大專體育，80*，54-61。

周宗楊、吳明勳（2016）。*鹿耳門聖母廟土城仔香*。台南市：台南市政府文化局。

林孟賢（2005）。國際與台灣超級馬拉松的發展現況。*大專體育，81*，61-68。

村上春樹（2008）。*關於跑步，我說的其實是*〈賴明珠譯〉。臺北市：時報文化。

拜恩（Rhonda Byrne）（2007）。*祕密*〈謝明憲譯〉。臺北市：方智出版社。

草漯保障宮管理委員會（2003）。*草漯保障宮開基媽祖略記*。桃園縣觀音鄉。

鹿耳門史蹟研究委員會（1981）。*正統鹿耳門土城聖母廟沿革暨風雲滄桑錄*（郭清林編集）。台南市：弘錩印刷企業有限公司。

郭豐州（2013）。*郭老師的跑步課*。台北市：遠流。

陳文達《台灣縣志‧卷九‧雜記志》，211頁，台文叢第103種。

麥寮拱範宮管理委員會（2003）。*麥寮拱範宮誌*。雲林縣：拱範宮管理

委員會。

蔡相煇（2006）。*媽祖信仰研究*。台北市：秀威資訊。

蔡相煇（2016）。*天妃顯聖錄與媽祖信仰*。台北市：獨立出版。

戴文鋒（2005）。台灣媽祖抱接砲彈神蹟傳說試探。*南大學報，39*（2），41-66。

英文文獻

Boudreau, A., & Giorgi, B. (2010). The experience of self-discovery and mental change in female novice athletes in connection to marathon running. *Journal of Phenomenological Psychology, 41*(2), 234-267.

Hanson, N., Madaras, L., Dicke, J., & Buckworth, J. (2015). Motivational differences between half, full and ultramarathoners. *Journal of Sport Behavier, 38*(2), 180-191.

Hanson, N., & Buckworth, J. (2016). Personality characteristics of barefoot runners: Openness and conscientiousness as the defining traits. *Sport Sciences for Health, 13*, 33-38.

附錄一 | 超馬跑者訪談問題

　　本次計有9位超馬跑者參加「2020年台南正統鹿耳門聖母廟媽祖環台馬拉松」，雖說無形神靈力量庇佑著蒼生，但是神尊並無法自己直接去環台，而需要透過人的力量進行，本次環台祈福遶境21日雖由全程組及單日組跑者共同完成，但主要核心還是以全程組跑者為主，在21日過程中，這九位跑者胼手胝足、相互鼓勵才能完成媽祖交付之使命。為了解這些超馬跑者對此次活動之想法，並考量便利性及效率性，本研究由作者本人林業展設計初始題目，在與指導教授和口試委員討論後，篩選出六個問題，以Line通訊軟體寄送問題和回傳答覆，若有需要，則加以錄音，並將錄音檔轉成逐字稿紀錄。

　　此次9位跑者居住在台灣各地，台北4位、雲林2位、台南3位。每位揹駕媽祖超馬跑者之受訪內容包括受訪者姓名、職業、年齡、訪談者（皆為作者林業展）、和訪談日期。呈現形式如下。

編號	
受訪者	
職業	
年齡	

訪談題目：
1. 什麼動機讓你想參加揹駕媽祖環台馬拉松？
2. 揹駕媽祖環台馬拉松過程中你都在想什麼？
3. 揹駕媽祖環台過程中傷痛有帶給你想要放棄的念頭嗎？
4. 揹駕媽祖環台過程中如果遇到困境如何支撐下去？
5. 揹駕媽祖環台馬拉松帶給你什麼影響？
6. 你覺得超馬精神是什麼？

附錄二 | 2020年揹駕媽祖遶境環台 路跑活動贊助單位簡介

2020年揹駕媽祖遶境環台路跑活動之各贊助單位，彙整如下，以下逐頁介紹之。

- 贊助單位1：臺南市議會　議長郭信良先生
- 贊助單位2：台邦科技化學股份有限公司　董事長廖福振先生
- 贊助單位3：大亞集團之大亞電線電纜
- 贊助單位4：華泰安全帽（機車安全帽專業製造商）
- 贊助單位5：台南土城阿忠螃蟹（府城蟳禮）
- 贊助單位6：台南土城鄭仔寮清佛宮（清佛宮主任委員：陳阿鱸先生）
- 贊助單位7：台南土城鄭仔寮黑虎大將（虎爺贊助人：南市區漁會理事長方裕豐先生）

贊助單位1：臺南市議會　議長郭信良先生

郭議長的話：

　　明宜兄與信良是近30年的患難好友，從未想到他會從事業有成的企業家、因興趣半路學習超馬路跑，而成為台灣第一位參加國際超級鐵人比賽的運動員，並因此獲得臺南市傑出市民榮譽。

　　「始終如一」及「持之以恆」，相信是明宜兄與信良共同的理念，秉持「不在乎做多少，只在乎沒做好」的態度，累積自身能力及人際關係而獲致信譽口碑，就算一時的打擊挫折不如意，冥冥中會還您一個公道。此為成功的訣竅，送給大家共勉之。

　　明宜兄第一次提起揹媽祖巡遊全台的理念，身為媽祖的虔誠信徒，當然舉雙手贊成，全力支持，時值2020年庚子年全球大瘟疫等危機，希望借慈悲濟世、普渡眾生的媽祖，巡遊全台，為臺灣注入一股信心暖流，共同守護臺灣寶島。未來再次舉辦鹿耳門媽祖環台消災祈福時，信良必會義無反顧、共襄盛舉，祈望相同理念的好友，一起加油！

贊助單位2：台邦科技化學股份有限公司
　　　　　　董事長廖福振先生

廖董事長的話：

　　我與超跑選手蔡明宜先生已認識20幾年了，我們都是一起到中國大陸闖天下的台商合作夥伴。15年前我決定根留台灣，放眼全球，在新北市八里區設廠；4年前擴充產能，在我的故鄉雲林縣崙背鄉設立第二座工廠。10幾年來歷經SARS和金融海嘯，公司能在艱困的大環境中平穩成長，我想除了人助之外，更需要天助。

　　接到明宜兄電話，得知鹿耳門媽祖有心願：希望環台消災祈福。由各路超馬選手揹著媽祖聖駕環台1週，聽聞此壯舉，台邦公司鼎力支持。台邦台北廠，位處台灣北濱，很榮幸能恭請媽祖聖駕與跑者蒞臨休憩。環島到尾聲進入雲林崙背鄉時，看到鄉親父老群聚在台邦雲林工廠，虔誠地迎接媽祖聖駕，我的內心充滿無上光榮與喜悅。祈求媽祖慈悲，讓鄉親父老平安幸福，更祈求國泰民安、風調雨順。

【台邦雲林廠活動剪影】

【台邦八里廠活動剪影】

贊助單位3：大亞集團之大亞電線電纜

台灣第一位參加國際超級鐵人比賽的運動員蔡明宜於2020年9月2日拜訪大亞台南總公司

2020年揹駕媽祖遠境環台路跑活動，由於受到大亞電線電纜的贊助，蔡明宜特地親自拜訪大亞台南總公司，並且致贈大亞10件活動紀念跑衣，大亞電線電纜方面，由電力通信事業群總經理莊博貴先生及郭副處長負責接待及代表收下跑衣。

大亞電線電纜近年致力成為能源串接領導品牌，以永續性產品與多元化服務建構更多的美麗家園。本公司於民國108年獲得運動企業認證，為提倡員工運動風氣，常常舉辦運動認點活動，只要有運動就可以認點，累積點數可以增加獲得獎金的機會。2020年為大亞集團65週年，公司舉行員工趣味運動會，如此可以透過趣味競賽增加員工向心力，更可以獲得健康的體魄。

贊助單位4：華泰安全帽（機車安全帽專業製造商）

華泰安全帽（機車安全帽專業製造商）（2005年成立）

【通過ISO9001品保認證】、【國家正字標記產品認證】

專門製造卡通造型安全帽及客製化安全帽

卡通授權品項：角落小夥伴、拉拉熊、史努比、哆啦A夢、Hello Kitty、美
　　　　　　　樂蒂、湯瑪士小火車、救援小英雄波力、P714、巧虎、
　　　　　　　碰碰狐

地址：臺南市安南區城西里城西街三段663巷71號

電話：(06) 257-0516

贊助單位5：台南土城阿忠螃蟹（府城蟳禮）

台南土城阿忠螃蟹（府城蟳禮）（民國39年成立）

　　台南土城阿忠螃蟹（府城蟳禮）的創辦人為蔡峻先生，其胼手胝足奠下基礎，從一開始捕撈各種漁貨，每天騎腳踏車往返市區販售，到第二代接班人在今日台南市安南區土城地區店面販售，如今已傳至第三代接班人。

　　只做一件事，才能真正專精，因此阿忠螃蟹，只販售螃蟹而無其他商品，故阿忠螃蟹能夠專業經營，追求卓越！阿忠螃蟹堅持每隻螃蟹皆需經過手工挑選，如此才能維持品質穩定，保持一年四季皆可供貨，使好蟹不分春秋。目前除了供應大台南地區各餐廳及外燴總舖師，店內也提供零售及全台宅配，因此全台各地都能品嚐到阿忠螃蟹的美味。阿忠螃蟹將持續致力於讓大家的餐桌上都能享受到品質穩定的螃蟹，吃得開心滿足，分享美味，分享幸福。

地址：台南市安南區城西街一段212號

電話：(06) 257-3817

贊助單位6：台南土城鄭仔寮清佛宮
（清佛宮主任委員：陳阿鑪先生）

清佛宮係由土城鄭仔寮陳姓家族共同策劃、捐獻土地、出錢出力，並由多方善心人士捐款，建造歷時兩年完工，於歲次丁酉年民國106年農曆10月29日子時入火安座，並成立管理委員會，由陳阿鑪先生擔任第一屆主任委員領導管理運作。

台南土城鄭仔寮清佛宮

清佛宮供奉神尊開基清水祖師、觀音佛祖、普庵祖師、土地公、神虎大將、文官、武將七尊。舊時有陳姓先祖陳摻因逢戰亂，自家鄉江蘇長山村出走，共渡船隻而來到台灣台南將軍，經16餘年轉居台南土城仔鄭仔寮落地生根，子孫傳衍至今。

依據文史記載及先人長輩口述，陳家供俸神尊，因早年戰亂，生活困苦，開墾艱辛，神尊只能供俸家中，而後子孫傳宗綿延，神尊便分散各房，待清水祖師聖誕到來，才結聚共襄盛舉，各家族共同祝壽。

有先祖先人不畏的精神，才有神尊的信仰，有神尊的庇佑，才能有陳家人開枝散葉、子孫滿堂。鑑於神尊的庇護，陳家人於民國106年開始籌劃建宮廟給神尊一個永久安命的地方，同時陳家宗族亦捐獻土地並建蓋家族宗祠，以感念先祖先人。本宮鎮虡清水祖師於入火安座日完成開光安座，隔年鎮殿觀音佛祖、鎮殿普庵祖師也開光安座，另有三太子爺、地虎將軍也一同安座。

贊助單位7：台南土城鄭仔寮黑虎大將
（虎爺贊助人：南市區漁會理事長方裕豐先生）

天下唯一護境主神虎爺：黑虎大將鎮守護登陸

黑虎大將並非獸類之虎，有人在夢中見黑虎大將指示事項時，體格魁梧，形如猛虎，致俗稱黑虎至今（應該是很健壯的人類）。黑虎大將原是天庭玉帝殿前神將，奉旨下凡，率職縣城城隍，因凡間世界花華，一時迷失仙性，於就職時，耽誤時辰三刻鐘。縣城城隍神職被地方邪惡佔據，致使任務不成，無法回天庭繳旨，正徬徨於途中巧遇三媽（天上聖母），三媽得知詳情，美意邀請為營前護佑大將，以化解其觸犯天朝之罪惡。

銅座三媽本是鹿耳門溪畔鹿耳門廟文館鎮館主神，於日據時期，日本為徹底摧毀台灣宗教文化，而禁教除神，鹿耳門廟為避禁教之災，三媽移駕鄭仔寮角頭，接受鄭仔寮角頭子民香火繼續。清道光年間，原廟因鹿耳門溪洪水暴漲沖垮，至民國二年於今土城市場前位置重建新廟，廟名「保安宮」，三媽應大廟恭迎回駕本職，而將護佑鄭子寮角頭子民之大任，託付給黑虎大將至今。

鄭仔寮周圍荒野一片，土鹹沙瘦，作物難以生長，惟靠捉魚討海。海變天災時，居民時常遭遇喪殉、海難，故為求心靈慰藉，鄭仔寮各姓派出代表議定，祈求三媽降壇，子民壇前跪求，向玉皇大帝請准，聘請溪北大名鼎鼎的將相雕刻師傅替黑虎將軍雕刻金身，受代代子民朝拜。「虎爺」於是成為鄭仔寮居民敬神生活的守護神。

鄭仔寮奉祀主神黑虎大將

鄭仔寮子民無論出海捕魚、觀星測潮、架屋築厝、造灶入宅、兒女嫁娶、喪葬擇期、療傷治疾、驅邪防疫、初生兒女，祈求拜契為爐邊誼子，祈求童限順遂，根基永固，體弱孺老求其保庇，其能保庇老者安之，成功老化，四時無災，八節康常。早年西港慶安宮刈香出巡，及鹿耳門聖母廟每科建醮出巡遶境，鎮前護衛大任即由黑虎大將擔當，可見此虎非他虎，此虎千變萬化、法力無邊。

　　黑虎大將已是鄭仔寮角頭子民的精神信仰和保護主神。延續至今，成為鄭仔寮豐富信仰文化，於每年農曆八月二十日黑虎壽誕期間，遷居外地的鄭仔寮鄉親，攜家帶眷返鄉祭拜人潮不斷，虔誠傳衍虎爺香火與信仰文化。

虎爺雕刻金身的傳說【由本庄長老陳其成老先生口述說明記載】

　　黑虎大將（俗稱虎爺）神威顯赫，其奇蹟出現之方式，如下所記：

　　黑虎大將受鄭仔寮信徒參拜時並無雕刻金身，多數漁民及塭主用簡單紅布條寫下黑虎大將名稱，掛在壁上早晚上香參拜，祈求合境平安。直至民國100年左右，祂忽然向庄中長老託夢，指示黑虎大將要雕刻金身，但是睡夢中的長老（蔡高生老先生）應聲說弟子們很窮，哪有錢可雕金身。黑虎大將隨即指示，你的枕頭木材可以雕金身，免花太多錢。

　　自此本庄各長老即籌備雕虎爺金身的計畫，蔡老先生所擁有之枕頭木材是曾文溪溪水氾濫漂流木撿回來的樟木，能雕刻二尊虎爺金身。二尊金身雕刻好後，一尊由蔡家族親參拜，另一尊即是由鄭仔寮信徒參拜至今的黑虎大將金身。二尊黑虎金身如今俱在。

國家圖書館出版品預行編目

超馬跑者揹駕臺南正統鹿耳門聖母廟媽祖之環台詳
考 / 林業展, 王明義, 陳春福, 賴世烱合著. --
臺北市：林業展, 2021.04
　面；　公分
　ISBN 978-957-43-8754-0(平裝)

1. 民俗活動　2. 民間信仰　3. 馬拉松賽跑　4. 臺
南市安南區

733.9/127.4　　　　　　　　　110005111

超馬跑者揹駕臺南正統鹿耳門聖母廟媽祖之環台詳考

作　　者／林業展、王明義、陳春福、賴世烱
出版策劃／林業展
製作銷售／秀威資訊科技股份有限公司
　　　　　114 台北市內湖區瑞光路76巷69號2樓
　　　　　電話：+886-2-2796-3638
　　　　　傳真：+886-2-2796-1377
網路訂購／秀威書店：https://store.showwe.tw
　　　　　博客來網路書店：https://www.books.com.tw
　　　　　三民網路書店：https://www.m.sanmin.com.tw
　　　　　讀冊生活：https://www.taaze.tw

出版日期／2021年4月
定　　價／350元